Frank Uwe Pfuhl

Die Wetter

Frank Uwe Pfuhl

Die Wetter

Eine Entdeckungsreise an Hessens schönstem Fluss

VORLANT VERLAG

Bibliographische Informationen der Deutschen Bibliothek:
Die Deutsche Bibliothek verzeichnet diese Publikation in der Deutschen Nationalbibliographie; detaillierte bibliographische Daten sind im Internet über http://dnb.ddb.de abrufbar.

Taunusstraße 29
D-61184 Karben
E-Mail: info@morlant-verlag.de
Internet: www.morlant-verlag.de

Texte & Fotos,
Grafik, Satz und Bildbearbeitung: Frank Uwe Pfuhl

ISBN 978-3-943041-01-9

Inhaltsverzeichnis

Vorwort

Der Stadtflucht meiner Eltern habe ich es zu verdanken, dass ich bereits im Vorschulalter an die Ufer von Nidda und Wetter gespült wurde. Nicht bloß ein Hauch von Freiheit: Raus aus der engen Stadtwohnung und hinein in einen riesigen Abenteuerspielplatz, Grundstein meiner Liebe zu einem besonderen Fluss und einer ganzen Landschaft. Hier in Assenheim lernte ich zwei Flüsse kennen, die unterschiedlicher nicht sein können. Da war die Nidda hinter dem elterlichen Haus, nur drei, vier Jahre zuvor in ein strenges Korsett aus Dämmen und Deichen gelegt. Nachts erfüllten anfangs noch die Frösche mit ihrem Quaken die ländliche Stille. Sie waren die Letzten ihrer Art, die offensichtlich noch die Zeiten vor der Regulierung erlebt hatten. Sie hatten noch in einer natürlicheren Nidda als Kaulquappe das Licht der Welt erblickt, jetzt, in dem schnell und gerade dahinfließenden Fluss ist ihnen kein Nachwuchs mehr vergönnt und so verstummten sie schon kurze Zeit drauf für immer.

Ganz anders dagegen die Wetter, die ich langsam von der Hainaumühle aufwärts zu erkunden begann. Sie präsentiert sich auch heute noch als weitgehend naturnaher Fluss, schwingt elegant in engen Bögen dahin und bietet einen Wechsel aus flachen Gleithängen mit breiten Kiesfächern und steilen Prallhängen, in die gelegentlich der Eisvogel seine langen Brutröhren gräbt. Spielplätze brauchten wird damals nicht, der Fluss bot Spielmöglichkeiten im Überfluss: die langen Äste der Weiden, an denen man über dem Wasser wie Tarzan im Urwald über dem Wasser schwingen konnte. Wir bauten Höhlen in die Ufer und ahmten das Leben der Steinzeitmenschen nach, so wie wir es uns vorstellten. Baumaterial für Boote war reichlich vorhanden, im Sommer bot das flache Wasser Abkühlung beim Hindurchwaten – in der Übergangszeit manchmal auch unfreiwillig, wenn die steilen Ufer rutschig waren oder wir uns zu weit ins Schilf hinein gewagt hatten.

Mit zunehmender Mobilität erschloss ich mir Abschnitt für Abschnitt der Wetter, war bei naturkundlichen Führungen dabei oder half per Sense bei der Pflege der Klosterwiesen in Ro-

ckenberg oder per Spaten beim Ausheben von Grabentaschen in den Salzwiesen von Münzenberg. Die Flusserkundung an der Wetter ist nicht ganz so leicht, wie etwa an der Nidda, die per Uferweg komplett erschlossen ist. Vielmehr sind pfadfinderische Fähigkeiten gefordert, ebenso der Wechsel von Pedale auf Wanderschuh. Dafür gibt es aber auch weit mehr zu entdecken. Hinter jeder Flussbiegung liegt eine neue Überraschung, mal naturkundlicher, mal historischer Art.
Umso mehr war ich erschüttert, als der Hessische Rundfunk am 25. Dezember 2012 seine Sendung „Hessens schönste Flüsse" ausstrahlte. Zuvor waren den Zuschauern 20 Flüsse vorgestellt worden – ich selbst legte mich in einem Beitrag für die Wetter ins Zeug. Ernüchterndes Ergebnis der Abstimmung: Die Wetter landete auf Platz 18. Kaum zu fassen. Offensichtlich wurde nach Bekanntheitsgrad und nicht nach Schönheit abgestimmt, denn auf Platz 4 landete der Main und auf Platz 9 die durch ihre Regulierung schwer entstellte Nidda. Das muss sich ändern, mehr Menschen sollen die Schönheit der Wetter kennenlernen und durch eigene Erkundungen selbst entdecken. Dazu soll dieses Buch einen Beitrag leisten, denn eins ist klar: Die Wetter ist Hessens schönster Fluss!

Niddatal im Januar 2016

Frank Uwe Pfuhl

Der Wetterauer Grund ist das Quellgebiet der Wetter.

Die Wetter - ein Steckbrief

„Wetter“ – schon beim Schreiben dieser Zeilen spielt die Rechtschreibprüfung verrückt, zweifelt das Genus an oder unterstellt den Plural. Auch die Suchmaschine im Internet liefert nur meteorologische Artikel und Seiten. Vielleicht hat das Textverarbeitungsprogramm aber auch einen „Hessen-Blocker“ eingebaut. Nicht wenige in diesem Bundesland erklären nämlich, dass sie „an die Bach gehen“, wenn sie eigentlich zum Fluss laufen wollen.

Gehen wir also an die Wetter – in diesem Buch dem Verlauf folgend, von der Quelle bis zur Mündung. Zunächst aber erst einmal ein paar allgemeine Informationen zur Wetter und der sie umgebenden Landschaft:

Gut versteckt hinter den Buchen des Laubacher Walds in einem schmalen Wiesentälchen zwischen Schotten und Laubach entspringt die Wetter, läuft weit nach Westen, bevor sie in einer spitzen Kurve nach Süden abbiegt, um einer ganzen Landschaft ihren Namen zu verpassen. Unter den größeren Flüssen des Vogelsbergs hat sie auf 365 Höhenmetern die am niedrigsten gelegene Quelle. Von dort fällt sie bis zur Mündung in Assenheim gerade einmal 248 Meter ab. Die Nidda zum Vergleich hat bis zur Einmündung der Wetter bereits einen Abstieg von gut 600 Metern hinter sich, obwohl ihre Fließstrecke an diesem Punkt gut 20 Kilometer weniger misst. Das erklärt auch die unterschiedliche Ausprägung des Verlaufs: Das Wasser der Flüsse fließt bei größerem Gefälle auf direkterem Weg. Es hat mehr Energie, leistet mehr Erosionsarbeit, räumt den Weg frei und verläuft daher geradliniger. Je geringer das Gefälle, umso weniger Energie hat das Wasser, kleinere Widerstände werden eher umflossen, der Fluss läuft dadurch in größeren Bögen, also Mäandern, durch die Landschaft. Das erklärt auch den vergleichsweise stärker mäandrierenden Verlauf der Wetter.

Die Dynamik, die in der Wetter steckt, ist auch im Winter gut an der Vereisung zu erkennen. Der Stromstrich pendelt hin und her, schafft tiefe, stark durchströmte und flache, stille Bereiche.

Der Verlauf der Wetter ist von einem Wechsel aus engen Tälern und überwiegend breiten, offenen Grünlandauen geprägt.

Nicht selten fallen die ersten Flusskilometer der Wetter in den Sommermonaten trocken, nur ein paar kleine Pfützen zwischen dem Basaltgeröll bleiben übrig. Erst ab Laubach führt sie ganzjährig Wasser. Dennoch hat sie im Vergleich zu Gewässern gleicher Größe auch im Sommer einen relativ konstanten Wasserstand. Dieser wird vorrangig durch die einleitenden Kläranlagen gehalten, daher pendelt die Gewässergüte auch nur zwischen den Stufen II (= mäßig belastet; dies gilt als „guter" Zustand) und III (= stark verschmutzt; „unbefriedigender" Zustand).

Schon kurz nach Laubach öffnet sich Richtung Lich der erste breite Auenabschnitt. Vor dem Kloster Arnsburg verengt sich das Tal noch einmal zu einem der landschaftlich reizvollsten Abschnitte, um nach der ehemaligen Zisterzienser-Abtei in der flachen Wetterau eine breite Talaue auszufüllen. Ab hier behält die Wetter ein weitgehend einheitliches Aussehen: Sie schwingt in größeren und kleineren Mäandern durch die

Landschaft. Die Ufer sind fast durchgehend von Erlen, Weiden, Eschen und Pappeln bewachsen. In Assenheim mündet sie schließlich in die Nidda. Dort hat die Wetter einen geringeren Abfluss als die Nidda. Dies obwohl die Nidda erst 47 Kilometer, die Wetter hingegen bereits 69 Kilometer Fließstrecke hinter sich hat. Damit ist es die Wetter, die ihren Namen abgeben muss und deren Wässer fortan unter neuem Familiennamen als Nidda gen Main fließen.
Der Flusslauf der Wetter konnte bis heute ein weitgehend naturnahes Gesicht bewahren. Vor größeren Regulierungsmaßnahmen, wie an der Nidda, blieb sie weitestgehend verschont. In vielen Bereichen wurde jedoch ihre Aue trocken gelegt und in Ackerland umgewandelt. Von den zahlreichen Mühlenstandorten hat die Wetter einige Wehre zurückbehalten. Mit dem Einbau von Aufstiegshilfen wird es den Fischen und Wasserlebewesen wieder möglich, das Gewässer flussaufwärts zu besiedeln.

Kontrastprogramm zur weitgehend naturnahen Wetter ist die in langen Strecken naturfern ausgebaute Nidda. Hier in ihrem Trapezprofil bei Ilbenstadt.

Das Gewässerbett der Wetter besteht natürlicherweise in weiten Strecken aus Lehm und Ton. Oberhalb von Mühlwehren kommt es daher zu stark verschlammten Sohlen, da sich hier das transportierte Material sammelt. Steine, Geröll oder Kiesel sind seltener zu finden und zeugen an vielen Stellen vom regulierenden Eingriff des Menschen. Oft sind einzelne Ufersicherungen mit Flussbausteinen aus Basalt zu finden. Auch rund um die ehemaligen Mühlen finden sich entsprechende Verbauungen oder Reste der Bauwerke, die einen Anstau oder eine Kanalisierung des Wassers auf das Mühlrad zum Zweck hatten. Von Natur aus steinig ist die Sohle überall da, wo Basaltgestein angeschnitten ist, beispielsweise an der Mündung des Äschersbachs und rund um das Kloster Arnsburg.
Unterhalb der Usamündung verändert sich das Bild komplett: Von hier an ist das Gewässerbett von runden Kieseln aus dem Taunus geprägt. Ein Geschiebe, das sich bis weit in die Nidda hinein verfolgen lässt.

Die Wetter im Vergleich zur Nidda und deren Zuflüssen:

Fließgewässer von W nach O	Länge	Quelle ü. NN	Mündung ü. NN	Mittlerer Jahresabfluss	Einzugsgebiet
Usa *	33,8 km	460 m	124 m	1,17 m³/s	185,16 km²
Wetter	68,7 km	365 m	117 m	2,98 m³/s	517,51 km²
Nidda	89,5 km	718 m	89,2 m	14,83 m³	1.941,47 km²
Horloff	43,3 km	510 m	120 m	1,43 m³/s	277,18 km²
Nidder	67,1 km	675 m	107 m	4,28 m³/s	435,52 km²
Seemenbach	36,9 km	555 m	121,5 m	1,55 m³/s	146,22 km²

* Im Gegensatz zu den weiteren genannten Flüssen entspringt die Usa nicht im Vogelsberg, sondern im Taunus.

Die Landschaften

Insbesondere die Höhenlagen des Vogelsbergs sind dicht bewaldet.

Politische Grenzen verlaufen meist willkürlich und so wundert es nicht, dass die Wetter zwar im Vogelsberg entspringt, aber mit keinem einzigen Flusskilometer den Vogelsbergkreis streift. Die durch ihre Geologie charakterisierte Landschaft ist weit größer als der nach ihr benannte Landkreis und so haben auch der Kreis Gießen, der Wetteraukreis und der Main-Kinzig-Kreis große Flächenanteile am Vogelsberg.

Der Vogelsberg

Auf einer Landkarte von Mitteleuropa ist der Vogelsberg leicht zu finden: Beinahe kreisförmig und mit Wasserläufen, die rund um das Zentrum ihren Ursprung haben und dann, Sonnenstrahlen gleich, in alle Himmelsrichtungen abfließen. Insbesondere auf der geologischen Karte werden die Dimensionen deutlich, die der Vogelsberg einnimmt. Er ist das größte Vulkangebiet Mitteleuropas, hat heute eine Fläche von rund 2.500 Quadratkilometern, was so ziemlich genau der Fläche des Saarlandes

Spuren des Vogelsbergvulkanismus am Hoherodskopf

entspricht. Benachbarte Vulkangebiete wie Eifel, Siebengebirge, Westerwald und auch Rhön sind deutlich kleiner.
Vor etwa 18 Millionen Jahren brachen in dem Gebiet des heutigen Vogelsbergs erste Vulkane aus, seit rund 15 Millionen Jahren ist es ruhig, mit erneuten Ausbrüchen ist in absehbarer Zeit nach Erkenntnissen der Geologen nicht zu rechnen. Zwischen den aktiven Ausbruchsphasen gab es auch immer wieder ruhige Zeiten, in denen Gestein, unter sehr viel wärmerem Klima als heute, stark verwitterte. So entstanden auch die Bauxit- und Eisenlagerstätten, die später vom Menschen abgebaut wurden. Die vielen einzelnen Vulkane des Vogelsbergs hatten ein ganz unterschiedliches Ausbruchsverhalten: Kam das heiße Magma in Berührung mit Grundwasser oder war es sehr gasreich, dann gab es heftige Explosionen, bei denen riesige Mengen vulkanischer Aschen ausgeworfen wurden. Diese werden auch Tuff genannt und sind heute noch dort zu finden, wo sie bei weiteren Ausbrüchen mit einer Basaltschicht überlagert wurden. Da sie stark verdichtet sind, halten sie das Wasser zurück, das durch

Zweithöchster Gipfel des Vogelsbergs: Der Hoherodskopf

den klüftigen Basalt versickert. Damit nehmen sie eine Schlüsselfunktion im Wasserhaushalt des Vogelsbergs ein, oft finden sich an den Rändern dieser wasserundurchlässigen Schichten Quellen.
Der Vogelsberg hat einen Durchmesser von 60 Kilometern, das Kreiszentrum befindet sich nahe Laubach. Die höchsten Erhebungen sind nicht in der Mitte, sondern 15 Kilometer nach Osten versetzt. Ungefähr in einer Linie stehen hier der Taufstein (773 m), der Hoherodskopf (764 m) und der Sieben Ahorn (753 m). Wirkliche Berggipfel bilden sie aber nicht. Der Funkturm auf dem Hoherodskopf gibt am ehesten einen Anhaltspunkt, wo sich die höchsten Erhebungen befinden. Erst dadurch wird der Vogelsberg überhaupt aus der Ferne wahrnehmbar. Das ist nämlich gar nicht so leicht: Aus der zentralen Wetterau ist der Vogelsberg kaum als Gebirge auszumachen, während der Taunus im Westen schon viel mächtiger wirkt.

Durch Verwitterung und Abtragung hat der Vogelsberg seine sanfte Abstufung erhalten, streicht langsam in die umgebende Landschaft aus, wie hier im Wetterauer Grund.

Der Vogelsberg macht sich eben sehr breit. Er läuft in weiten Terrassen und mit sanfter Abstufung in die umgebende Landschaft aus. Die Ausformung seiner Oberfläche folgt der Verwitterung und Abtragung, die wiederum vom Gefälle in die umgebenden Landschaften abhängig ist. So fällt der Vogelsberg nach Norden und Nordosten eher sanft ab, während die südlichen und südwestlichen Seiten durch die Flüsse tiefer eingeschnitten sind. Das größte Gefälle vom Oberwald hinunter in die Auenlandschaft der Wetterau haben die Nidda und die Nidder. Sie haben sich sichtbar in ihre Täler eingeschnitten, langgezogene Riedel blieben als Höhenzüge stehen, die wie Finger nach der Wetterau greifen.

Den großen Niederschlagsmengen (teils in Form von Schnee) im Hohen Vogelsberg und dem vulkanischen Untergrund sind der Reichtum an Fließgewässern im Vogelsberg zu verdanken.

Der Naturraum Vogelsberg

Außer der Geologie werden auch die typischen Ausformungen einer Landschaft sowie deren klimatische Prägung und Vegetation als Abgrenzungskriterien für die Gliederung in naturräumliche Einheiten herangezogen. Der Vogelsberg gliedert sich in drei Einheiten: „Hoher Vogelsberg", „Unterer Vogelsberg" und „Vorderer Vogelsberg". Genau genommen lappt der „geologische Vogelsberg" aber auch in die Nachbareinheiten, wie beispielsweise in die „Wetterau" hinein.
Der Hohe Vogelsberg, dessen Höhenlagen auch „Oberwald" genannt werden, stellt die Gipfelregion dar, die meist über 500 Metern Höhe liegt. Für ihn typisch sind die großen Niederschlagsmengen. Durchschnittlich 1.200 Millimeter im Jahr kommen da zusammen, bedingt durch den Steigungsregen, der insbesondere an den Westhängen abregnet. Zum Vergleich: In der niederschlagsarmen Wetterau fallen teilweise ge-

rade einmal 500 Millimeter pro Jahr. In der Gesamtbetrachtung ist die Niederschlagsverteilung aber recht verschieden, sowohl die Menge als auch die Verteilung über das Jahr weichen stark voneinander ab. Vom Fuß des Vogelsbergs zu seinen Höhenlagen nimmt die Niederschlagsmenge kontinuierlich zu, aber während unten noch die meisten Niederschläge in den Sommermonaten fallen, verschiebt sich die Verteilung Richtung Winter mit zunehmender Höhe. In den mittleren Lagen fallen vergleichbare Mengen in den Sommer- und Wintermonaten, im Hohen Vogelsberg bringen die Winterniederschläge die größten Mengen vor allem in Form von Schnee.
Wie ein unförmiger Ring umschließt der „Untere Vogelsberg" den „Hohen Vogelsberg". Bis zu 20 Kilometer breit liegt er auf Höhen zwischen 300 und 500 Metern. Die Böden werden tiefgründiger, weisen teilweise fruchtbaren Löß auf, weshalb in dieser naturräumlichen Einheit die landwirtschaftliche Nutzung dominiert. Es gibt einen hohen Grünlandanteil, Wald ist nur noch inselartig vorhanden. Im „Unteren Vogelsberg" liegt auch die Quelle der Wetter.

Flusslauf der Wetter kurz vor Laubach im Naturraum Vorderer Vogelsberg, Untereinheit Laubacher Hügelland.

Wie eine Art großer Fächer im Nordwesten dem „Unteren Vogelsberg" vorgelagert ist der „Vordere Vogelsberg". Dem Lauf der Wetter folgend, beginnt er bei Laubach und zieht sich bis nach Lich, dann schließt sich die Wetterau an. Der „Vordere Vogelsberg", ist durch einen schwach ausgeprägten Geländeanstieg in Richtung Vogelsbergzentrum charakterisiert. Die vulkanischen Gesteine sind hier bis ins Lahntal flächenhaft ausgebreitet, zum Teil größere Auflagen aus Löß sorgen für eine hohe Bodenfruchtbarkeit, entsprechend ist hier die ackerbauliche Nutzung weit verbreitet. Inselartig finden sich jedoch einzelne Basaltkuppen und flachgründige Basaltverwitterungsböden mit artenreichen Buchenwäldern.

Weite, offene Landschaft, nahezu baum- und strauchlos, intensiv ackerbaulich genutzt: Das ist die Charakteristik der Wetterau.

Die Wetterau hat den Ruf, die „Kornkammer" Hessens zu sein, oft wird sie auch mit dem „Tintenfass" - der Münzenburg - identifiziert.

Die Wetterau

Staubwolken ziehen durch die Luft. Mähdrescher fressen sich in regelmäßigem Takt durch das reife Getreide, gefolgt von einer Gruppe Störche. Es riecht nach frischer Erde und einem zartsüßlichen Duft später Blüten. Nebenan grunzen ein paar Frösche in der Sonne. Irgendwo zieht der leise Klang einer Fahrradklingel durch die flachen Sträucher am Flussufer. Der Blick schweift über unendliche Weiten und stößt sich an Funktürmen, den modernen Gipfelkreuzen von Taunus und Vogelsberg. Wie die Zinken eines großen Rechens ragen die Hochhäuser der Mainmetropole gen Himmel.
Die Wetterau ist eine Landschaft voll von Gegensätzen: geprägt von Feuchtwiesen, Sümpfen, breiten Flussauen und offenen Wasserflächen. Dabei ist dieser Naturraum einer der niederschlagsärmsten in Hessen. Im benachbarten Vogelsberg regnet und schneit es etwa die doppelte Menge an Wasser.
Gleichzeitig steht der Begriff Wetterau auch synonym für die

„Kornkammer" Hessens. Die letzten Eiszeiten haben hier eine deutliche Spur hinterlassen: Im Windschatten des Taunus haben sich große Mengen eines mineralischen Staubes abgesetzt. Dieser ist heute allgemein als Löss bekannt, aus ihm haben sich besonders fruchtbare Böden entwickelt. Der Löss ist auch der Grund dafür, dass die Wetterau zu den ältesten Kulturlandschaften Mitteleuropas zählt. Archäologische Funde weisen darauf hin, dass hier bereits vor 7.000 Jahren Menschen sesshaft wurden und mit Ackerbau und Viehzucht begonnen haben. Das hat die Wetterau nachhaltig geprägt. Bis heute zählt sie zu den waldärmsten Regionen des waldreichsten Bundeslandes Hessen. Wahrscheinlich haben auch die für die Wetterau typischen Auen ihre Entwicklung und ihren Bestand der Fruchtbarkeit der Ackerböden zu verdanken. Die Auen wurden traditionell als Wiesen und Weiden für das Vieh genutzt. Dadurch wurden sie offen gehalten und bieten so seit Jahrhunderten Raum für Storch, Kiebitz und Bekassine. Genau darin liegt ein weiterer Widerspruch: Trotz der langen und intensiven landwirtschaftlichen Nutzung ist die Wetterau auch heute noch eine der artenreichsten Landschaften in Hessen.

Die Widersprüche setzen sich fort bei einem Streifzug durch die Wetterau: Im Süden scheint sie sich schon der Metropolregion Rhein-Main anzupassen. Breite Straßen, großflächige Bebauung, hohe Häuser und viel Gewerbefläche. Dazwischen Ausläufer des aus Frankfurt hereinrankenden Grüngürtels.

Nach Norden hin wird sie dann immer ländlicher. Kleinere Dörfer, viel Fachwerk, Pflastersteine, Geranienpflanzungen an Ufern der kleinen Flüsse und Bäche im Ortsbild und reges Treiben in den kleinen Gemüsegärten am Haus.

Der Naturraum Wetterau

„Alle Wetter" soll dereinst der Münzenberger Nachtwächter bei seinem morgendlichen Blick über die Zinnen der Burg ausgerufen haben. Glaubt man der mündlich überlieferten Sage, soll nämlich in einer Neumondnacht ein störrischer Forellenbock die Ufer eines kleinen Sees völlig zugrunde gerichtet und eine lange Schleifspur durch die Landschaft gezogen haben. Aus dieser Schleifspur soll ein neuer Fluss entstanden und nach

Streuobstwiesen befinden sich oft an den weniger fruchtbaren Standorten. Dennoch ist die Wetterau der Landkreis in Hessen mit den meisten hochstämmigen Obstbäumen.

den ersten Worten des Nachtwächters seinen Namen „Wetter" erhalten haben.

Sage hin oder her. Den Fluss gibt es tatsächlich und er verleiht einer ganzen Landschaft seinen Namen. Die Auenlandschaften der Wetter und der Flüsse Usa, Horloff, Nidda, Nidder und Seemenbach sind die zentralen Lebensadern des Naturraumes Wetterau.

Dabei ist die naturräumliche Abgrenzung nicht deckungsgleich mit den heutigen politischen Grenzen des Wetteraukreises. Die Wetterau liegt als geologisches Senkungsgebiet zwischen Taunus und Vogelsberg und überschreitet dabei die Grenzen des Landkreises Gießen, des Main-Kinzig-Kreises und der Stadt Frankfurt. Im angrenzenden Naturraum Vogelsberg haben diese Flüsse – außer der Usa, die im Taunus entspringt – ihre Quellgebiete.

Typisch für den Naturraum Wetterau ist die weithin offene

Im Wettertal bei Bruchenbrücken gibt es ein dichtes Nebeneinander unterschiedlicher Nutzungen: Grünland, Ackerbau und mit zunehmendem Gefälle auch Streuobst.

Landschaft. Nur vereinzelt wird sie durch Bäume oder Sträucher gegliedert. Streuobstwiesen finden sich meist nur in den Randlagen oder auf Hügeln mit dünner Lössauflage. Über 70 Prozent des Naturraumes wird intensiv landwirtschaftlich genutzt.

Dass auch die Römer schon die Fruchtbarkeit dieser Landschaft zu schätzen wussten, zeigt sich am Verlauf ihres Grenzwalls, des Limes. Der weicht nämlich sichtlich von seinem West-Ost-Verlauf ab und umschließt die Wetterau in einem Bogen nach Norden.

Die Römer waren es auch, die den Weinbau in die Wetterau brachten. Viele sonnige Lagen wurden mit den Reben bebaut. Nahezu jeder Ort verfügte über eigene Anbauflächen, wovon bereits um 1552 der aus Bruchenbrücken stammende Theologe Erasmus Alberus berichtet. Er vergisst nicht, für jeden in seiner „Kurzen Beschreibung der Wetterau" erwähnten Ort auch die Qualität des Weins zu bewerten. Schon wenige Jahrzehnte später wurde das Zeitalter des Weinbaus in der Wetterau durch die Kleine Eiszeit besiegelt. An die Stelle der Rebstöcke traten vielerorts die Streuobstwiesen als Grundlage des regionstypischen Apfelweins.

Die Auen der Wetterau

Für Kraniche, Kampfläufer, Waldwasserläufer und viele andere Zugvogelarten sind die Auen der Wetterau gleichbedeutend dem Wattenmeer. Als geologische Fortsetzung des Oberrheingrabens finden die Vögel hier ideale Zugbedingungen. Das Glitzern der vielen Wasserflächen in den überschwemmten Wiesen zieht die Tiere magisch an, sie legen eine Rast ein.
Verglichen mit anderen großen Auengebieten, wie etwa denen der Donau, mutet die Auenlandschaft Wetterau eher klein an. Dennoch ist sie von internationaler Bedeutung für den Vo-

In einigen Auengebieten der Wetterau sind sogar noch seltene Orchideenarten, wie das Breitblättrige Knabenkraut zu finden.

gelzug. Viele Arten aus dem sibirischen und skandinavischen Raum ziehen hier durch, machen Rast, tanken am reichen Nahrungsangebot der Auen wieder auf und ziehen mit neuen Reserven weiter.
Eine Aue ist ein sehr dynamischer Lebensraum entlang eines Flusses oder Baches. Sie ist ständigen Veränderungen unterworfen. Hier wechseln sich Hoch- und Niedrigwasser manchmal mehrmals pro Jahr ab. Ablagerungen des Flusses führen zu wechselvollen Oberflächenstrukturen. Manchmal hat das Relief einer Fläche auf nur wenigen Quadratmetern einen Höhenunterschied von einem halben Meter und mehr. Dadurch ergibt sich auch ein Wechsel aus trockenen, feuchten und nassen Standorten auf engem Raum. Ideal für ein dichtes Nebeneinander von Fischen, Amphibien, Watvögeln, Wiesenvögeln und Insekten. Ebenso artenreich sind die Pflanzengesellschaften, die an vielen Stellen in der Wetterau sogar noch Orchideenbestände aufweisen.
Eine Besonderheit der Wetterauer Auen ist, dass sie durchweg offen sind. Meist von verschiedenen Gräsern bewachsen, punktuell durchdrungen von Schilfflächen und von kleinen Wasserflächen unterbrochen. Damit sind sie ganz anders als andere Auen, etwa im größten hessischen Naturschutzgebiet „Kühkopf" am Rhein bei Groß-Gerau. Dort gibt es typische Auwälder, in denen sich Baumarten nach ihrer Toleranz gegenüber der Bodenfeuchtigkeit sortieren. Die Wetterau hingegen und auch der Verlauf der Wetter weisen höchstens kleinste Relikte von Auwäldern auf. Meist hat sich der Wald unter dem frühen Einfluss des Menschen nach der letzten Eiszeit auch gar nicht erst entwickeln können.

Der Auenverbund Wetterau

Mit einer Gesamtfläche von 7.400 Hektar ist der Auenverbund Wetterau eines der größten Landschaftsschutzgebiete Hessens und das erste großräumige Verbundsystem dieser Art bundesweit. Im Auenverbund haben viele Tier- und Pflanzenarten ihren landesweiten Verbreitungsschwerpunkt oder kommen in Hessen gar nur noch hier vor.
Die Geschichte des Auenverbund Wetterau ist eng verbun-

Der Auenverbund Wetterau ist eines der größten hessischen Landschaftsschutzgebiete mit einer Fläche von rund 7.400 Hektar.

den mit dem großen persönlichen Engagement privater Naturschützer. Viel Überzeugungsarbeit musste geleistet werden, massive Widerstände galt es zu überwinden. Begonnen hatte alles mit einer Studie des Frankfurter Senckenberg-Instituts, die 1974 vorgelegt, dem Fließgewässersystem der Nidda und ihrer Zuflüsse Wetter, Horloff, Nidder und Seemenbach ein hohes ökologisches Potenzial bescheinigte. Trotz des damals bereits erfolgten massiven Ausbaus der Flüsse, der Trockenlegung vieler Auenabschnitte und des Umbruchs von Wiesen in Ackerland fanden sich noch letzte Refugien seltener Tierarten. Kiebitz, Bekassine und Brachvogel haben hier ihre größten Bestände in Hessen.

Schon kurz nach Veröffentlichung der Studie konnten zumindest Kernzonen des späteren Auenverbundes als Naturschutzgebiete sichergestellt werden. Doch diese Perlen waren zu klein, um die typischen Lebensgemeinschaften zu erhalten, sie mussten zu einer Kette aufgereiht werden. Die Grünlandberei-

Mit dem „Auenverbund Wetterau" werden neben den Kernzonen - den Naturschutzgebieten - großflächig die Grünlandgebiete entlang der Flüsse vor dem Umbruch geschützt. Das Bild zeigt die Wetteraue bei Münzenberg.

che zwischen den neu geschaffenen Naturschutzgebieten wurden immer kleiner. Durch den Strukturwandel in der Landwirtschaft mussten viele Betriebe die Milchviehhaltung aufgeben und hatten damit auch keine Verwendung mehr für das Grünland. Mit steigender Nachfrage nach Ackerland kamen immer mehr Wiesen unter den Pflug.

Nach einer zwischenzeitlich geltenden, einstweiligen Sicherstellung trat am 20. Dezember 1989 endgültig die Verordnung über das Landschaftsschutzgebiet in Kraft. Damit werden der Umbruch von Grünland und die Bebauung der ausgewiesenen Auenflächen verboten. Heute fallen bei einem Blick in die Niederungen der Flüsse sofort zahlreiche dreieckige Schilder mit grünem Rand auf, die die Ausdehnung des Landschaftsschutzgebietes sichtbar machen.

Schon über 25 Jahre genießen die Auen nun den Schutz. In dieser Zeit haben sich die Gebiete sichtbar weiterentwickelt.

Eine enge Kooperation mit der Landwirtschaft machte die Umwandlung von Ackerflächen in Grünland möglich. Dort wo die Flächen im Besitz der öffentlichen Hand oder der Naturschutzverbände sind, wurden Maßnahmen der Wiedervernässung möglich. Dabei werden Entwässerungsmaßnahmen rückgängig gemacht und zahlreiche kleine Wasserflächen für Amphibien und Watvögel angelegt. In einigen Abschnitten konnten sogar die einst aus Gründen des Hochwasserschutzes ausgebauten Flüsse wieder in einen naturnahen Zustand zurückgebaut werden.
Die Zahl der Naturschutzgebiete innerhalb des Auenverbundes ist mittlerweile auf 25 angewachsen. Wegen ihrer hohen Bedeutung für seltene Biotope und Arten sind die Kernzonen gleichzeitig als NATURA 2000-Gebiete (FFH-Gebiete und Vogelschutzgebiete) geschützt.

Viele kleine Naturschutzgebiete

Die Wetter wird in ihrem Verlauf von neun Naturschutzgebieten begleitet. Sechs davon liegen im Auenverbund Wetterau, drei am Rande der Aue. Das ist eine hohe Anzahl an Gebieten, dafür sind deren Flächen im Vergleich klein. In der Summe kommen die sechs Schutzgebiete im Auenbereich der Wetter gerade einmal auf 174 Hektar. Zum Vergleich: Das Naturschutzgebiet „Mittlere Horloffaue" im östlich gelegenen Nachbar-Flusstal hat alleine schon eine Fläche von 188 Hektar. Dafür bilden die Wettertaler Naturschutzgebiete eine hohe Zahl verschiedener Lebensraumtypen ab. Hier gibt es Feuchtwiesen und -weiden, Salzwiesen, Schilfröhricht, Hochstaudenfluren sowie seggenreiches Grünland. In den drei randlich gelegenen Gebieten kommen noch Trocken- und Magerrasen sowie artenreiche Streuobstbestände dazu.
Naturschutzgebiete genießen den höchsten Schutzstatus, sie sind quasi das letzte Rückzugsgebiet besonders bedrohter Tier- und Pflanzenarten. Und um die steht es immer schlechter: Wissenschaftliche Studien belegen, dass die Häufigkeit von Tierarten in Flüssen, Seen und Marschen seit 1970 um 50 Prozent abgenommen hat. Weltweit sterben täglich mehrere Arten aus. Eine Entwicklung, die auch vor der Wetter und ihrem

Naturschutzgebiete sind am dreieckigen Schild zu erkennen. Einige Auengebiete werden zusätzlich während der Brut der Wiesenvögel per Anordnung gesperrt, dies ist der saisonal angebrachten Zusatzbeschilderung zu entnehmen.

Umland nicht Halt macht: Trotz Schutzbemühungen sind viele Tierarten, wie Feldlerche oder Feldhamster stark bedroht, oder haben wie die Uferschnepfe ihren letzten Nistplatz in der Auenlandschaft längst geräumt.
Die Vielfalt an Tier- und Pflanzenarten sowie an Lebensräumen in einem Gebiet wird auch als „Biodiversität" bezeichnet. Aus Sorge um diese biologische Vielfalt haben die Vereinten Nationen (UN) die Jahre 2011 bis 2020 zur „UN-Dekade der Biodiversität" erklärt.
Je artenreicher eine Lebensgemeinschaft ist, umso stabiler ist sie. Da der Mensch Teil der ihn umgebenden Natur ist und auf gesunde Böden für seine Ernährung, saubere Luft und den Zugang zu sauberem Wasser angewiesen ist, muss er im eigenen Interesse das Artensterben stoppen. Die UN ruft ihre Mitgliedsstaaten dazu auf, entsprechende Maßnahmen zu ergreifen.
Die Ausweisung von Naturschutzgebieten folgt also demsel-

ben Ziel wie die UN-Dekade, nämlich der „Erhaltung, Entwicklung oder Wiederherstellung von Lebensstätten, Biotopen und Lebensgemeinschaften bestimmter wild lebender Tier- und Pflanzenarten". So steht es im Bundesnaturschutzgesetz.
Die Auen der Wetter beherbergen eine besonders reichhaltige Tier- und Pflanzenwelt und sehr abwechslungsreiche Lebensräume. Viele Arten haben hier ihren landesweiten Verbreitungsschwerpunkt: Mehrere Salzpflanzen, Kiebitz, Bekassine, Laubfrosch. Die hohe Artenvielfalt spiegelt die hohe Vielfalt der Lebensräume wider. Im Auenverbund wechseln sich Feuchtwiesen, Flachwasserteiche, Kleingewässer, Fließgewässer, Ufergehölzsäume, Röhrichte, Seggenriede, Salzwiesen und Frischwiesen mit Ackerflächen und intensiv genutzten Grünlandtypen mosaikartig ab. Insbesondere das Feuchtgrünland ist es, das für die bestandsbedrohten Wiesenbrüter eine lebenswichtige Voraussetzung zur Arterhaltung bietet.

Naturschutzgebiete wie die Wirtswiesen bei Lich sind die letzten Rückzugsräume bedrohter Arten, daher ist es wichtig, dass Störungen vermieden werden.

Naturschutzgebiet „Salzwiesen von Wisselsheim“

Die Naturschutzgebiete dürfen in der Brut- und Setzzeit nicht betreten werden. Dennoch werden sie oft so für die Öffentlichkeit erschlossen, dass sowohl Naturfreunde zu ihrem Genuss kommen, als auch die geschützten Arten nicht gestört werden. In manchen Gebieten wurden dafür Rundwanderwege mit Schautafeln angelegt, so beispielsweise in den „Klosterwiesen von Rockenberg“.

Pflanzen und Tiere

Typische Pflanzenarten in den Wiesen entlang der Wetter: Sumpf-Schafgarbe

Blut-Weiderich

Wiesen-Storchschnabel

Johanniskraut

Die Wetter hat ein weitgehend geschlossenes Band an Ufergehölzen.

Die Ufergehölze

In langen Abschnitten ist der Wasserlauf der Wetter nur unmittelbar vom Ufer aus zu sehen. Schon wenige Schritte von ihr entfernt, verrät sie nur der geschlängelte Saum aus typischen Baumarten. Daran ist auch der Fluss aus der Ferne, beispielsweise von einer Anhöhe oder vom Turm der Münzenburg zu erkennen. In der offenen, weithin baumarmen Landschaft der Wetterau fällt das Band als Orientierungslinie sofort ins Auge. In erster Linie wachsen am Wetterufer Schwarzerlen. Eine für die Lage und Ausprägung des Flusses typische Baumart. Wie keine andere ist die Erle an ein Leben in der Wechselwasserzone von Fließgewässern angepasst. Niedrigwasser nach einer langen Trockenperiode im Hochsommer sowie Hochwasser nach der Schneeschmelze oder einem Starkregenereignis können ihr nichts anhaben. Die Erle hat zwei besondere Überlebensstrategien: Sie kann im Hochwasserfall ihre Wurzeln über eine Art Korkzellen wie durch einen Schnorchel mit Sauerstoff

Die typischen Gehölze halten mit ihren Wurzeln das Ufer fest.

In einigen Abschnitten sterben die Erlen (wie hier bei Wisselsheim) am Ufer ab, Ursache ist eine Pilzerkrankung, die das sogenannte „Erlensterben" auslöst.

Erle

Weide

Esche

Pappel

Kopfweiden lieferten über Jahrhunderte den Rohstoff für Körbe.

versorgen. An den Wurzeln siedeln sich ähnlich wie bei Bohnen und Lupinen Knöllchenbakterien an. In einer Symbiose werden diese vom Baum mit Zucker versorgt und liefern als Gegenleistung den für das Pflanzenwachstum wichtigen Stickstoff, den sie im Gegensatz zur Erle aus der Umgebungsluft gewinnen können. Insbesondere unter Wasser ist das Erlenholz besonders beständig, daher werden daraus Schleusentore gefertigt. Auch die Pfähle unter Venedig stammen teilweise von Erlen.

Eingestreut sind verschiedene Weidenarten zu finden. Es gibt nämlich nicht „die" Weide, sondern gleich zahlreiche Arten, weltweit rund 500 verschiedene, in Deutschland etwa 40. Darunter große Baumweiden mit teils dicken Stämmen, mehrere Meter groß und kleinere strauchartige. Schon der lateinische Gattungsname „Salix" gibt einen Hinweis auf einen allgemein bekannten Wirkstoff der Heilkunde, die Salicylsäure, der in der Weidenborke zu finden ist und zur Schmerzlinderung eingesetzt wird. Die meisten Weiden an der Wetter sind aus angeschwemmten Ästen gewachsen. Es ist eine Strategie der

Weiden sind wahre Akrobaten und (Über-)Lebenskünstler.

Baumart, sich entlang des Flusslaufs auszubreiten. Das Holz ist weich, nicht selten brechen bei stärkerem Wind Äste aus, werden vom Wasser ein Stück flussabwärts transportiert, tragen aber noch so viel Leben in sich, dass sie aus dem Schwemmgut am Ufer heraus schon kurze Zeit später ihre jungen Triebe hervordrücken, Wurzeln ziehen und in nur wenigen Jahren zu stattlichen Bäumen heranwachsen können.
Seltener sind heute an der Wetter noch alte Kopfweiden zu finden. Die stehen meist schief, Teile ihres Stammes benagte bereits der Zahn der Zeit, einige sind einfach unter der Last immer dicker werdender Äste auseinandergebrochen. Sie sind Relikte einer Zeit, in der die dünnen, biegsamen Äste regelmäßig ausgeschnitten und anschließend zu Körben verflochten wurden.
Deutlich seltener als Erle und Weiden stehen an der Wetter auch Eschen, Ulmen und Pappeln. Häufig schließen sich an die Bäume, die meist in geschlossenen Galerien stehen auch noch Hecken an, die geprägt sind von Weißdorn, Schlehe, Holunder, Schneeball, Heckenrose und Brombeere.

Häufig im Ufersaum: Der Weißdorn, hier in Blüte

Die Beeren des Weißdorns

An der Wetter noch häufig zu sehen: Der Eisvogel

Eisvogel

Einem bunten Edelstein gleich jagt ein kleiner Vogel beinahe durchgängig in der Wetter ab Lich und ist flussabwärts bis nach Assenheim mit etwas Glück immer wieder zu sehen: Der Eisvogel. Leuchtend blau und orange gefärbt mit kurzem Schwanz und langem Schnabel ist sein kleiner Körper für Tauchgänge optimiert. Gerne sitzt er auf Ästen über der Wetter an, hält nach kleinen Fischen Ausschau und stürzt dann unvermittelt, wie ein Pfeil ins Wasser. In Sekundenschnelle taucht er wieder auf, setzt sich auf die Ansitzwarte, macht sich daran, seine Beute in die richtige Lage zu bringen und schluckt.

Der Eisvogel profitiert von der naturnahen Gestalt der Wetter, viele Ufer sind nicht befestigt, insbesondere auf der Außenseite von Mäandern bilden sich an den Prallhängen Uferabbrüche. In die so entstandenen Steilwände treiben die Tiere ihre Bruthöhlen bis zu einer Tiefe von rund einem Meter hinein. Wo solche natürlichen Ufer nicht vorhanden sind, werden sie von Naturschützern als Artenhilfsmaßnahme angelegt. In Dorheim

Der Weißstorch ist mit mehreren Brutpaaren auch wieder an der Wetter.

etwa hat der NABU im Naturschutzgebiet „Hechtgraben" eine solche künstliche Eisvogel-Brutwand geschaffen.
Besonders einfach macht es sich der Eisvogel in Assenheim. Dort geht er auch in den nahe der Wetter gelegenen Hausgärten auf Jagd und erbeutet den einen oder anderen jungen Goldfisch aus dem Gartenteich.

Storch

Der Weißstorch hat in den letzten Jahren eine wahre Erfolgsgeschichte geschrieben. Nachdem er in den 1980er Jahren komplett aus der Wetterau verschwunden war, ist er heute wieder flächendeckend in allen Flussauen zu finden. Allein im Wetteraukreis brüteten 2015 wieder 54 Brutpaare des Weißstorchs, womit fast wieder der historische Bestand erreicht ist. Für 1904 sind 56 Brutpaare verzeichnet. Erhebliche Einbrüche gab es nach der Intensivierung der Landwirtschaft in den Nachkriegsjahren, zum Erlöschen der Bestände führten schließlich

die Begradigung der Flüsse und die Trockenlegung der Auen in den 1960er und 70er Jahren.
Auch die Nachwuchszahlen können sich wieder sehen lassen: Waren es 2005 noch 17 flügge Jungstörche, so konnten 2015 bereit 133 gezählt werden. Ein weiteres steiles Wachstum ist also zu erwarten.
Mittlerweile gehören die Weißstörche zum gewohnten Bild, völlig ohne Scheu staksen sie hinter den Landmaschinen her, sammeln die Regenwürmer und Feldmäuse ab, die bei der Bodenbearbeitung freigelegt werden. Ein Unterschied zu früher ist deutlich: Der Weißstorch brütet nicht mehr in den Ortschaften auf Kirch- und Scheunendächern, sondern auf meist künstlich aufgestellten Horstplattformen in den Auen der Flüsse. So auch entlang der Wetter. Hier konnten 2015 sieben Brutpaare im Wetteraukreis und zwei im Kreis Gießen gezählt werden. Ein drittes Nest bei Ober-Bessingen musste wegen Stromschlaggefahr vorzeitig beseitigt werden, dort hatten die Störche versucht einen Strommast zu besiedeln.

Im Spätsommer sind oft ganze Trupps von Störchen auf den Feldern und in den Wiesen zu sehen.

Biber

Biber

Während die Staufer ihre Burg im Hochmittelalter auf einem ehemaligen Vulkanschlot mauerten, errichtete sicherlich auch ein anderer Burgenbauer seine Wasserburg direkt an der Wetter. In dieser Zeit galt der Biber aber auch als beliebte Fastenspeise, da er kurzerhand aufgrund seines schuppigen Schwanzes zum Fisch erklärt worden war. Dabei war es der Tierart sicherlich nicht zuträglich, dass es an der Wetter so viele Klöster gab und so verschwand sie aufgrund von Nachstellungen schon lange vor der Industrialisierung und der Regulierung der Flüsse. Bereits im 18. Jahrhundert gab es keine Biber mehr in Hessen. Erst seit 1987 gibt es sie wieder, nachdem 18 Tiere von der Elbe im Spessart ausgesetzt wurden. Seither ist der Nager auf dem Vormarsch und breitet sich im Norden vom Spessart im Süden aus Bayern kommend auch wieder in der Wetterau aus. Seit 2008 ist ein erstes Revier an der Wetter belegt, 2014 waren es mindestens schon vier Reviere zwischen Trais-Münzenberg und Assenheim. Nagespuren wurden aber auch schon zwischen Ober-Bessingen und Lich entdeckt.

Die Spuren des Bibers sind nicht zu übersehen.

Biberburg

Bekassine

Der Biber ist meist bei Nacht unterwegs, den Tag verbringt er in seiner Burg. Sichtbeobachtungen sind eher die Seltenheit, dafür sind insbesondere die Nagespuren an den Ufergehölzen im Winter ein sicherer Nachweis für das von der Nasen- zur Schwanzspitze bis zu 1,30 Meter lange Tier. Wer einmal auf Spurensuche nach dem großen Nagetier gehen möchte, kann sich einer der geführten Wanderungen des Naturschutzbund Deutschland (NABU) anschließen. Bei der NABU Umweltwerkstatt Wetterau gibt es sogar ein Bibermobil www.Bibermobil.de, das nach Anmeldung in Kindergärten, Schulen, zu Vereinen und Familien kommt und Wissenswertes rund um den Burgherrn vermittelt.

Wiesenvögel

Eine Reihe an Vogelarten, die hier Brut- und Nahrungsraum finden, bevölkert die feuchten und teilweise nassen Grünlandbereiche entlang der Wetter. Unter dem Begriff „Wiesenvögel" werden Arten wie der Weißstorch aber auch Kiebitz, Bekassine, Wachtelkönig, Grauammer oder Schafstelze zusammengefasst. Viele dieser Wiesenvogelarten sind vom Aussterben bedroht und haben innerhalb Hessens ihren Verbreitungsschwerpunkt im Auenverbund Wetterau und damit auch entlang der Wetter. Sie sind selten geworden und daher widmet ihnen der Naturschutz ein besonderes Augenmerk, bemüht sich um die Erhaltung und Wiedervernässung von feuchten Wiesen, wandelt einst zu Ackerland umgebrochene Wiesen wieder in Grünland um und legt Flachwasserteiche an. Damit sollen neben vielen anderen auch zwei Charakterarten gefördert werden, die früher in den Auen in großer Zahl anzutreffen waren, heute aber, nach dramatischen Bestandseinbrüchen, eine Rarität darstellen: Der Kiebitz und die Bekassine.

Kiebitz mit Nachwuchs

Der Kiebitz ist gut an seinen breiten, schwarzweißen Flügeln und der Federholle auf dem Kopf zu erkennen. Auf und ab fliegt er, abwechselnd sind seine schwarze Ober- und die weiße Unterseite zu sehen, dabei stößt er Rufe aus, die mit etwas Phantasie an seinen Namen erinnern: „kiju-wit". Heute gibt es in ganz Hessen gerade einmal noch rund 200 Brutpaare, 80 davon leben in der Wetterau.

Auch um die Bekassine ist es nicht besser bestellt, sie ist nur noch mit 150 Brutpaaren in Hessen vertreten und das, obwohl sie früher entlang aller Wiesengräben vorkam. Der Schnepfenvogel ist weniger auffällig und auch daher seltener zu beobachten. Auffällig sind die typischen langen Beine und der lange, gerade Schnabel – Merkmale, die ihn als Watvogel ausweisen. Die beim Fliegen mit den Schwanzfedern erzeugten Laute erinnern an das Meckern von Ziegen, was dem Vogel den Spitznamen „Himmelsziege" eingebracht hat.

Die Schafstelze ist in der Aue der Wetter dort zu finden, wo das Grünland durch Rinder, Schafe oder Pferde beweidet wird.

Die Rohrweihe bevorzugt Schilfgebiete als Brutplatz, sie ist in den Klosterwiesen von Rockenberg zu finden.

Die Rohrammer ist häufig im Schilf zu beobachten.

Die Gaugans zieht sich mit ihren Jungen gerne an den Teich der „Hölle von Rockenberg" zurück.

Auf den Wasserflächen in den Klosterwiesen von Rockenberg zuhause: Der Haubentaucher

Kulturlandschaft

Eines der ältesten noch sichtbaren Zeugnisse menschlicher Besiedlung entlang der Wetter ist das Megalithgrab bei Muschenheim.

Bei jedem Schritt durch das Wettertal stolpert man unweigerlich über Zeugen der langen Geschichte dieser Region. Rund um Münzenberg sind Spuren steinzeitlicher Besiedlung zu finden. An der Straße zwischen Münzenberg und Trais-Münzenberg steht der legendäre „Kräppelstein". In Ober-Hörgern wird es richtig gruselig, dort nämlich haben Archäologen Spuren von Kannibalen entdeckt. Die lebten hier vor über 6.000 Jahren und hatten sich offensichtlich zum Fressen gerne.

Archäologielandschaft Wetterau

Schnell wird klar, warum sich der Wetteraukreis seit einiger Zeit als „Archäologielandschaft Wetterau" zu platzieren sucht. Kelten, Römer und Mittelalter – das sind die drei Epochen, in die die Archäologielandschaft gegliedert ist. Alle drei begegnen dem Besucher bei einer Erkundungsreise entlang der Wetter. Während das Mittelalter noch durch die vielen Bauwerke, wie

Weithin sichtbares Zeichen mittelalterlicher Besiedlung der Wetterau: Die Stauferburg Münzenberg

die Schlösser in Laubach und Lich, das Kloster Arnsburg und die Münzenburg deutlich zu sehen ist, sind die beiden anderen Epochen nur beim zweiten Hinsehen zu erkennen.
Die Kelten haben ihre Spuren im direkten Umfeld des Wettertals in Bad Nauheim hinterlassen. Dort betrieben sie bereits vor über 2.000 Jahren eine Saline, die beinahe schon industrielle Ausmaße hatte. Im Wettertal treten an vielen Stellen salzhaltige Quellen hervor, die auch für die Salzgewinnung genutzt wurden.
Eine zweite Begegnung mit den Kelten bietet die ausgeschilderte Keltenradroute von Bad Nauheim über Ober-Mörlen, Butzbach, Friedberg mit Anbindung an den Radfernweg R4 in Assenheim.
Der als UNESCO-Weltkulturerbe ausgewiesene Limes ist oft unscheinbar, an vielen Stellen auch gar nicht mehr sichtbar. Die Wetter kreuzt die ehemalige Grenzlinie zwischen Römischem Reich und Germanien zwischen dem Licher Golfplatz und dem

Bruchsteinbrücke aus dem 18. Jahrhundert in Steinfurth

Kloster Arnsburg etwa auf Höhe der Peterseen. Begleitet wird die Grenzlinie vom Limesradweg, der von hier bis Muschenheim parallel zum Radfernweg R6 verläuft.

Wunderschöne, alte Brücken

Auch das fällt bei einer Erkundung der Wetter besonders ins Auge: die vielen noch ursprünglichen Brücken, gemauert aus den für die Region typischen Basalt- und Sandsteinen, die meist mit mehreren Bögen den Fluss überspannen. Insgesamt sind es über 80 Brücken und Durchlässe, auf denen die Wetter überquert werden kann.

Viele historische Brücken mussten weichen, weil sie zu schmal für den modernen Autoverkehr wurden. Bei der Regulierung der Nidda in den sechziger und frühen siebziger Jahren wurden die meisten verbliebenen alten Brücken abgebrochen. Mit ihnen verlor diese Flusslandschaft ihren Charakter und die Orte am Fluss büßten erheblich an Schönheit und Individualität

Über 80 Brücken und Durchlässe muss die Wetter passieren.

ein. An die Stelle baumeisterlicher und geschichtsträchtiger Brücken traten unpersönliche, gesichtslose Betonbauwerke – quasi alle aus einem Guss. Diesem Schicksal mussten die alten Wetterbrücken glücklicherweise nicht folgen.
In Muschenheim beispielsweise hat die Brücke ihren historischen Charakter weitgehend erhalten, nur die Fahrbahn wurde mit einer modernen, breiten Betonplatte ausgestattet, um eine zweispurige Straße darauf zu ermöglichen. Weitere sehenswerte Brücken stehen bei Ober-Hörgern und Gambach sowie in Griedel. Die Brücke in Oppershofen wird auch heute noch vom heiligen Nepomuk – dem Schutzpatron der Brücken – bewacht. Die alte Steinfurther Brücke wirft durch das dichte Laub der Eschen ihr Spiegelbild auf die Wetter.

Zahlreiche Mühlen trieb die Wetter an

Auf die unglaubliche Anzahl von 540 Mühlenstandorten entlang der Nidda und ihrer Zuflüsse kamen die Heimatforscher des Kulturvereins Dauernheim in einer zehn Jahre dauernden Recherche. Während an der Nidda selbst nur noch wenige Mühlen tatsächlich zu sehen sind, ist der Wetterlauf noch geprägt sowohl von den Stauungen der Mühlen als auch von den markanten Mühlengebäuden. Darunter sowohl alte, windschiefe Fachwerkbauten als auch die moderneren Mühlen der letzten Generation, gemauert aus Backsteinen. Über 180 Nutzungsmöglichkeiten von Mühlen lassen sich heute rekonstruieren. Einige davon fanden sich auch an der Wetter: So gab es nicht nur Getreidemühlen, sondern auch Ölmühlen, Hammerschmieden, Sägewerke und Papiermühlen. Wer einen Abstecher an

Eine Gedenktafel in Trais-Münzenberg erinnert an die lange Tradition als Mühlenstandort an der Wetter.

Links: Das Schwalheimer Rad wird auch heute noch von der Wetter angetrieben.

die Nidda in den Ranstädter Ort Dauernheim unternimmt, kann einige dieser Funktionen in der Mühlenmodellausstellung des Kulturvereins anschauen. www.kvdauernheim.de
Eine Reise auf den Spuren der alten Wetter-Mühlen beginnt bei der Hessenbrücken-Mühle bei Münster, führt weiter über Mühlsachsen, zur Pein-Mühle bei Unter-Bessingen, an die Ober- und Untermühle Lich, zum Kolnhäuser Hof, bei dem sich heute der Golfplatz befindet und zur Mühle des Klosters Arnsburg. Es folgen die Berger Mühle, die ehemalige Mühle sowie die Neu-Mühle Muschenheim, Traiser Wettermühle, Ober-Hörgener Mühle, Waschmühle, Griedeler Mühle, Rainmühle, Nonnenmühle, Schwalheimer Rad, Ossenheimer Mühle, Görbelheimer Mühle, Bruchenbrücker Mühle und schließlich – kurz vor der Mündung in Assenheim - die Hainaumühle.

Übrig geblieben: Bei Ossenheim liegt ein halbierter alter Mahlstein in der Wetter.

Wetter entdecken

Aus dem Lebenslauf der Wetter – eine historische Beschreibung

Dem Lauf eines Flusses von der Quelle bis zur Mündung zu folgen, das ist nicht nur eine alte Pfadfinderregel, wenn man sich in unbekanntem Terrain bewegt, die Orientierung verloren, keine Karte oder andere Navigationsmittel hat. Es ist auch ein logischer, manchmal gar metaphysischer Weg, diesen Fluss zu beschreiben. Genauso, wie in diesem Buch die Wetter von ihrem Ursprung aus im Vogelsberg bis mitten hinein in die Wetterau zu ihrer Mündung begleitet wird, tat dies ein unbekannter Autor bereits um 1841. Offensichtlich beeinflusst von der Strömung der Spätromantik wird der Fluss personifiziert. Die Wetter bewegt sich im Kleid und als Jungfrau durch die Landschaften, Städte und Dörfer, bevor sie schließlich (bei ihrer Mündung) ihre Jungfräulichkeit an einen *„derben vogelsberger Landsmann"* verliert. Aufschlussreich sind die Erwähnungen der Mühlenstandorte und im Unterton wird leise die Schwärmerei für das Mittelalterliche in Arnsburg oder auf der Münzenburg hörbar.
Auszüge aus diesem historischen Text begleiten die Beschreibungen der einzelnen Flussabschnitte. Der ganze Aufsatz findet sich in den Butzbacher Geschichtsblättern (Nr. 47 vom 26. Oktober 1988).

Die Wetter kurz nach ihrer Quelle im Wetterauer Grund

Wetterauer Grund

Wenn die Jungfer durch die reiche Wetterau zieht mit ihrem Sonntagskleid, so sieht man's ihr nicht an, daß sie weit herkommt vom rauhen Vogelsberg. Ihr Geburtsort heißt zwar auch die Wetterau; 's ist indessen nicht die reiche, sondern die ganz arme. Wo zwischen Schotten und Freien-See der Thomashügel und der Wintersberg steil herab sich senken, da ist sie geheim (...).

Die Wetter von der Quelle bis zu Mündung zu erkunden, ist bisweilen etwas knifflig. Es gibt keinen durchgängigen Uferweg wie beispielsweise bei der Nidda. Auch gibt es im Gegensatz zu den Quellen der Flüsse und Bäche, die im Oberwald entspringen, keine Hinweistafel. Einziger Anhaltspunkt sind also die amtlich eingemessenen geografischen Koordinaten, die den Punkt in einer Karte – oder per GPS-Gerät im Gelände auffindbar machen. Mangels eines direkt zur Quelle führenden Wegs ist der Marsch dorthin also schon ein echtes kleines Abenteuer. Festes Schuhwerk und brombeer- und brennnesselresistente Kleidung sollten auf alle Fälle getragen werden. Geografische Koordinaten der Wetter-Quelle:

N 50°32.267 E 009°04.983 (50° 32′ 16″ N, 9° 4′ 59″ O)

Ein idealer Startpunkt ist der Entdeckungswald „Grünes Meer". Vom Parkplatz aus führt der Weg durch ein Holzportal bis zur Kreuzung auf den Wetterweg, in den man hier links abbiegen muss. Dieser führt quer durch den Wald zum Wetterlauf. Einige hundert Meter vor der Querung des Wetterauer Grunds schlägt das GPS-Gerät dann heftig nach Osten aus, zunächst geht es über zum Teil dicht bewachsene Waldwege, die wohl meist nur von Wildschweinen genutzt werden. Weite Strecken haben die Tiere deutlich sichtbar mit ihren Rüsseln nach Leckerbissen durchwühlt. Aber keine Angst: Die Wildschweine sind scheu und der direkt Kontakt eher unwahrscheinlich. Die letzten Meter dann querwaldein, unter Rotbuchen und Hainbuchen, leuchtet bereits das schmale Wiesental hindurch. Ein wunderschönes Landschaftsbild bietet sich, beinahe arrangiert wie in

In den Wiesen vor der Hütte „Sorgenlos" entspringt die Wetter.

Viele Wochen des Jahres fällt der Oberlauf der Wetter trocken.

einem dieser weitläufigen, englischen Landschaftsgärten. Auf der anderen Seite eine windschiefe alte Jagd- oder Wanderhütte mit dem Namen „Sorgenlos". Nach dem Marsch durch den dichten Wald kaum zu glauben, hier auf Spuren menschlicher Zivilisation zu treffen. Mittendrin in dem Wiesental die Quelle, völlig unspektakulär, kein Gluckern, kein Glucksen, die meiste Zeit des Jahres noch nicht einmal Wasser zu sehen. Nur die Vegetation verrät, dass der Untergrund feucht ist. Seggen und Binsen ziehen von der Quelle geradeaus bergab, mitten durch das lange Wiesenband, das den bezeichnenden Namen „Wetterauer Grund" trägt. Der erstreckt sich gut vier Kilometer Richtung Westen, bis die Wetter schließlich die Bundesstraße 276 unterquert und von da an südlich von ihr bis Laubach fließt. Wobei „fließen" in dem Abschnitt meist nur auf die Schneeschmelze oder Zeiten starker Niederschläge begrenzt ist. Auch nach vier Flusskilometern ist das Schotterbett der Wetter viele Wochen des Jahres trocken, höchstens unterbrochen durch einige stehen gebliebene Pfützen. Ein großes Problem für die typischen Bewohner der Quellregion, die ohne Wasser nicht

Schwarze Teufelskralle

Schlangen-Knöterich blüht im Wetterauer Grund im Mai.

Am Ende des Sommers färben sich die Wiesen noch einmal violett durch die Blüten der Herbstzeitlose.

Kuckucks-Lichtnelke

überleben können und auch in den kurzen wasserführenden Phasen kaum in der Lage sind, die Wetter zurück zu erobern.
Der Wetterauer Grund ist eingebettet in das großflächige FFH-Gebiet „Laubacher Wald", das sich auf einer Fläche von 9.486 Hektar, als weitgehend geschlossener Wald zwischen den Städten Laubach, Mücke, Schotten und Hungen ausbreitet. Unterbrochen wird dieser Waldbereich nur durch die schmalen Wiesenbänder der Flusstälchen, im Norden des Seenbachs und im Süden der Horloff, dazwischen das der Wetter. Insgesamt machen die Feuchtwiesen, Gewässer und Sümpfe immerhin zwanzig Prozent der Fläche dieses europäischen Schutzgebiets aus. Die Wiesen des Wetterauer Grunds werden teils als Mähwiesen genutzt, teils auch mit Rindern beweidet. In der Vegetationsperiode bietet sich hier ein Wechselspiel unterschiedlicher Blütenpflanzen des Feuchtgrünlandes, wie Breitblättriges Knabenkraut, Kuckucks-Lichtnelke, Echtes Mädesüß, Schlangen-Knöterich, Sumpf-Schafgarbe oder Schwarze Teufelskralle. Besonders reizvoll ist auch der Spätsommer, wenn sich die Wiesen noch einmal violett von den üppigen Blüten der Herbstzeitlose färben.

Eingangsportal zum Grünen Meer

Grünes Meer

Rund sieben Kilometer östlich von Laubach, an der Bundesstraße 276 Richtung Schotten gelegen, liegt mitten im Laubacher Wald der „Entdeckungswald Grünes Meer". Das weitläufige Gelände lädt zu ausgedehnten Wanderungen ein, es gibt einen Abenteuerparcours mit Klettergarten und Baumwipfel-Wege. Die „Himmelsleiter", ein 35 Meter hoher Aussichtsturm, verschafft einen Überblick über den gesamten Wald und Ausblicke bis in den Oberwald. Im Wildtiergehege tummeln sich Auerochsen, Hirsche und Muffelwild. Das Streichelgehege bietet direkten Kontakt zu Eseln und Alpakas. In der „Waldküche" werden einfache Speisen und Getränke angeboten. Geöffnet ist von April bis Oktober, mittwochs bis sonntags, von 10 bis 18 Uhr, in den Ferien ist die ganze Woche geöffnet. Der Eintritt für Erwachsene kostet 9 Euro, Kinder ab 4 Jahren zahlen 4 Euro. www.grünes-meer.de

Wanderwegsbeschilderung im Laubacher Wald

Wetterweg

Eine Möglichkeit, den Oberlauf der Wetter zu Fuß zu erkunden, ist der Wetterweg, der auf einer Strecke von insgesamt 38 Kilometern mit zwei roten Wellen und einem roten W auf gelbem Grund markiert ist. Startpunkt ist am Entdeckungswald Grünes Meer an der Bundesstraße 276. Der Weg folgt der Wetter über Laubach, Wetterhorst, Ober-Bessingen, der Wüstung Hausen zum Kloster Arnsburg und endet in Lich. Der Wetterweg verläuft nur selten in Ufernähe, führt aber zu den besonders reizvollen Stellen, vielfach bieten sich auch aus der Ferne Ausblicke in Auen und Täler des Flusses.

Laubach

Sie ist dabei gar verschämt und jüngferlich, und bleibt im waldigen Thalweg, bis dort zwischen dem Gaulskopf und Eselskopf die neue Straße von Schotten her noch eine Kamerädinn bringt (...). Jetzt wagt sie sich auch unter die Leute, und bietet zuerst ihre Dienste in Laubach an. Was sieht sie sich um, als sie zum erstenmal in die Stadt tritt, wo die großen Häuser mit hübschen Fenstern und ganz anderen Dächern, als die daheim von Stroh gemacht werden.

Die Bundesstraße 276 bedient sich bis nach Laubach des schmalen Tälchens der Wetter. Laubach ist auch der erste Ort überhaupt, durch den die Wetter fließt – wobei es mit dem Fließen, wie schon oben beschrieben, erst in Laubach so richtig los geht. Sie ähnelt hier noch mehr einem Wiesengraben, denn einem Fluss, umwindet das geschichtsträchtige Städtchen südlich, verschwindet dann auf einmal unvermittelt unter einer kleinen Parkanlage und taucht erst wieder knapp 200 Meter nach ihrem Verschwinden im Bürgelweg aus ihrer Verrohrung auf. Eine Verbauung, die den kleinen Fluss quasi in zwei voneinander getrennte Abschnitte zerlegt und die aus naturschutzfachlicher Sicht auch mit Blick auf die Vorgaben der europäischen Wasserrahmenrichtlinie rückgängig gemacht werden sollte.
Im Bürgelweg blühen an den mit Stauden bewachsenen Ufern der Wetter im Frühsommer Mädesüß und Baldrian. Weiter durch das Gewerbegebiet nimmt sie weitere Zuflüsse auf, in der Dexionstraße mündet der nur vier Kilometer lange Laubach in die Wetter. Dieser fließt von Norden kommend vorbei am Frei- und Hallenbad und durch den Schlosspark, in dem er sich in zwei Läufe teilt und einen der beiden Teiche durchfließt.

Die Wetter im Bürgelweg in Laubach

Kurvenreicher Flussverlauf der Wetter bei Laubach

Im Gewerbegebiet noch recht beengt, verabschiedet sich die Wetter anschließend von Laubach, hat jetzt wieder ausreichend Platz und läuft hier in Schlingen weiter. Ein Bild, das sich nach unten fortsetzt: es ist kaum möglich, mehrere laufende Meter Fluss auf ein Bild zu bekommen. Während bei begradigten Flüssen wie der Nidda von einer Brücke aus mitunter mehrere hundert Meter Fluss abgelichtet werden können, ist das bei der Wetter an fast keiner Stelle möglich. Immer windet sich der Fluss, beinahe fotoscheu, davon oder die typischen Ufergehölze verstellen den Blick. Aber das ist gut so und unterstreicht den naturnahen Charakter dieses schönsten hessischen Flusses.

Mädesüß

Mammut in Laubach

Am Ende des Bürgelwegs erinnert ein Straßenname an einen Mann, der mit seinen riesenhaften Maschinen die Geschichte des Motorradbaus geprägt hat, wie kaum ein anderer: Friedel Münch. Geboren in Dorn-Assenheim und 2014 in Altenstadt gestorben, blieb er trotz internationaler Kontakte und Geschäftspartner immer der Region treu. Unterhielt Produktionsstätten in der Wetterau und zeitweise auch in Laubach. In diesen entstand 1966 auch die legendäre „Münch Mammut", das erste Vierzylinder-Straßen-Motorrad überhaupt. Er konstruierte wahre „Höllenmaschinen" mit bis zu 260 PS. Bis 2008 gab es am Standort in Laubach ein „Münch Motoren-Museum". Wer die ganze Vielfalt dieser Motorradkonstruktionen sehen will, muss heute bis ins Technik Museum Speyer fahren. Wem schon ein einzelnes Beispiel ausreicht, wird im Saalbau-Museum in Florstadt fündig. Dort steht eine Original-Mammut mit der Seriennummer 184.

Reisebüro
REISEN

Der Grimansbrunnen, eingelassen in die Mauer des Kirchenhügels.

Fachwerk und Fledermäuse

Gerade geschichtlich und kulturell Interessierte, sollten unbedingt mehr Zeit für einen Zwischenstopp in Laubach einlegen. Eine historische Fachwerk-Altstadt, Schloss, Park, einige Museen und ganz besondere Veranstaltungen machen den Reiz dieses Vogelsbergstädtchens im Landkreis Gießen aus.

Eine erste Erwähnung Laubachs als Siedlung findet sich in den alten Urkunden bereits um 786. In den mehr als 1.200 Jahren seither hat sich der Ort prächtig entwickelt, ist im Altstadtkern von hübschem Fachwerk geprägt, die ältesten Häuser sind bis zu 500 Jahre alt. Einige Straßen tragen noch Basaltpflaster, viele idyllische Ecken und Brunnen laden zum Verweilen. Überragt wird der Ort von den Türmen der Stadtkirche und des 600 Jahre alten Schlosses.

Ein schneller und unkomplizierter Weg, die Altstadt zu erkunden, ist ein Rundgang mit 13 Stationen. Ausgeschildert mit messingfarbenen Metalltafeln gibt es kurze Informationen zu den geschichtlichen Daten und Besonderheiten von Stadtkirche, Puppenmuseum, Schloss sowie weiteren Bauwerken und

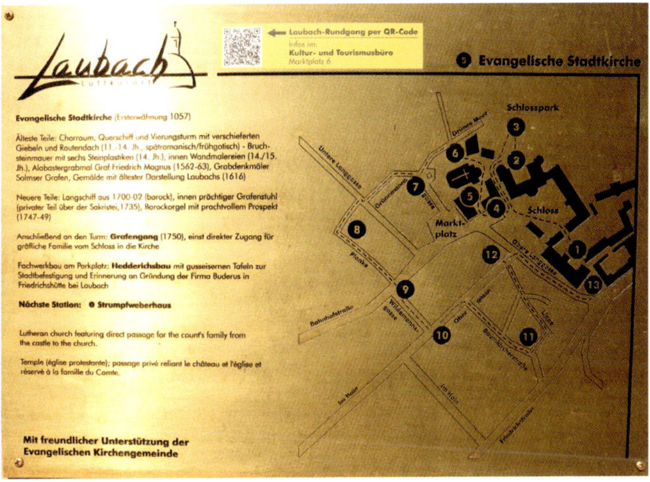

Die Messingtafel an der Evangelischen Stadtkirche ist eine von 13 Stationen des Laubach-Rundgangs.

Sehenswürdigkeiten. Wer über ein Smartphone mit Internetzugang verfügt, kann zusätzlich über den auf den Tafeln angebrachten QR-Code weitere Informationen und Bildmaterial zu den Stationen aufrufen.
Darüber hinaus werden aber auch Führungen zur Stadt- und Regionsgeschichte, wie beispielsweise die Nachtwächter- oder die Kräuterweiberführung angeboten. Führungen gibt es auch in der Laubacher Stadtkirche, die über einen Fachwerk-Zugang mit dem Schloss verbunden ist. Sehenswert sind hier die prächtige Barockorgel aus dem Jahr 1749, mehrere Epitaphen, Wandmalereien und der gräfliche Herrschaftsstuhl.
Zu buchen sind die Führungen beim Kultur- und Tourismusbüro Laubach, Marktplatz 6, 35321 Laubach, Tel. 06405-921321, tourist-info@laubach-online.de, montags bis freitags 8-12 Uhr, montags und dienstags 13:30-15:30 Uhr, donnerstags

Die Evangelischen Stadtkirche mit ihrem Fachwerk-Zugang zum Schloss.

Erinnern an die Eisenverarbeitung in der Region: Die Gedenktafeln aus Eisenguss auf dem Kirchplatz.

13:30-18 Uhr, hier gibt es auch das Gastgeberverzeichnis sowie Prospekte, Karten und Bücher zur Region. www.laubach-online.de

Von Mai bis September stehen die Fledermäuse im Fokus abendlicher Führungen. Ausgerüstet mit einem Bat-Detektor, der die Ultraschalllaute der Tiere hörbar macht, geht es auf zu einem Spaziergang durch Parkanlagen, Gärten und entlang von Baumalleen. Die Veranstaltung dauert 90 Minuten, Gruppen ab fünf Personen können einen individuellen Termin unter der Telefonnummer 06405-7880 vereinbaren.

Eisenabbau und Eisenverhüttung

Heftige Vulkanausbrüche über mehrere Millionen Jahre hinweg haben den Vogelsberg mit einer dicken Schicht an Basalten und anderen Vulkangesteinen überzogen. Erste Ausbrüche gab es vor 18 Millionen Jahren, seit 15 Millionen Jahren ist es wieder ruhig. Auch zwischen den Ausbrüchen der vielen verschiedenen Vulkane gab es längere Ruhephasen, in denen immer wieder Gestein abgetragen wurde und verwitterte. Das Ergebnis dieser lang anhaltenden Verwitterungsprozesse sind relativ große Eisenerzlagerstätten insbesondere im westlichen Vogelsberg. Auch rund um Laubach entwickelte sich daher eine entsprechende Industrie, die den Abbau und die Weiterverarbeitung betrieb. Daran erinnert auch eine in Eisenguss angefertigte Tafel an der Wand des Hedderichsbaus auf dem Kirchplatz, auf der dem 250jährigen Jubiläum der Friedrichshütte südwestlich von Laubach gedacht wird. Die nämlich ist die Gründungsstätte der heutigen Buderus AG.

Das Eisenhüttenwesen hat in der Region bereits eine lange Tradition und ist mindestens zurück bis ins Mittelalter anhand von Funden zu belegen. Durch den Dreißigjährigen Krieg kam das Hüttenwesen zum Erliegen, erst 1707 gründete Graf Friedrich Ernst zu Solms-Laubach die nach ihm benannte Friedrichshütte. Dort ließ er ein Hochofenwerk mit angeschlossener Gießerei errichten. Um das Eisen aufzuschmelzen, wurden große Mengen an Holzkohle benötigt, die überwiegend aus dem benachbarten Köhlerdorf Gonterskirchen kamen.

Um 1709 wird ein erster Eisenhammer in Betrieb genommen, um das Roheisen in Schmiedeeisen umzuwandeln. Die Eisenhammer sind immer an Fließgewässern zu finden, da sie ausschließlich über Wasserkraft zu betreiben waren. Daher finden

sich entsprechende Anlagen wie der Hessenbrückenhammer auch am Verlauf der Wetter.
Um 1717 übernimmt Johann Wilhelm Buderus zunächst die Leitung der Friedrichshütte und pachtet diese sowie die dazu gehörenden Hammer dann 1731. Dieses Jahr gilt auch als das Gründungsjahr der Buderus AG. Nachdem es zu Uneinigkeiten bei der Verpachtung zwischen den Nachkommen von Buderus und dem Grafenhaus kam, zog sich die Buderus AG von ihrem Gründungsstandort zurück, 1870 pachtete schließlich Julius Römheld den Betrieb, dessen Nachfolge – die Roemheld Gruppe – bis heute die Friedrichshütte als Eisengießerei betreibt.
In der zweiten Hälfte des 19. Jahrhunderts kam mit dem Bau der oberhessischen Eisenbahn auch der großflächige Abbau des Eisenerz im Tagebau dazu, dessen Spuren heute noch in den Landschaften nördlich von Laubach beispielsweise in der Weickartshainer Schweiz, bei Freienseen und über Merlau bis nordwestlich von Nieder-Ohmen zu sehen sind. Diese Geschichte lässt sich auf drei Erzwegen („Nord", „Mitte" und „Süd"; www.erzwanderweg.de) erwandern, die ausgeschildert sind. Schautafeln erläutern dort die Industriegeschichte.

Schloss und Schlosspark Laubach

Architektonisch interessant und ausgestattet mit einer bewegten Geschichte ist das Laubacher Schloss mitten in der Altstadt. Das Schlossgelände ist frei zugänglich und kann jederzeit besichtigt werden.
Begonnen hatte alles wahrscheinlich mit einer Wasserburg aus dem Jahr 1278. Über mehrere Jahrhunderte zog sich ein stetiger Umbauprozess, nach dessen Abschluss im 18. Jahrhundert sich die mittelalterliche Burg zu einem repräsentativen Schloss gemausert hatte. Das Schloss besteht heute aus dem hufeisenförmig nach Norden – zum Schlosspark – geöffneten Hauptbau. Daran schließen sich nach Osten zunächst der sogenannte Nassauer Bau und dann der ehemalige Marstall an. Westlich des Hauptbaus fallen der Hedderichsbau mit seinem brückenartigen Übergang zur Kirche und die Friedrichsburg mit der Tordurchfahrt zur Stadt ins Auge.
Auch heute wird das Schloss noch von der ursprünglichen Gräf-

Im Schloss Laubach werden auch Opern aufgeführt.

lichen Familie bewohnt und bewirtschaftet. Gleichzeitig ist es Anziehungspunkt für Künstler und Kulturfreunde sowie Veranstaltungsort für Unternehmen, Festivals und Familienfeste.
Alljährlich ist Schloss Laubach Spielort von Opern. Hochbegabte junge Sängerinnen und Sänger werden in Meisterkursen gefördert und stellen im Rahmen eines Abschlusskonzertes die erarbeiteten Ensembles und Arien dem Publikum vor.
Bilder, Skulpturen oder Installationen gibt es in wechselnden Ausstellungen regionaler und überregionaler Künstler in der Schlossgalerie zu sehen. Veranstalter ist der Verein Kunst- und Kulturforum Laubach, der auch regelmäßige Künstlersymposien abhält, an denen Maler, Holzbildhauer, Steinmetze, Papierkünstler, Metalldesigner sowie Installations- und Performance-Künstler teilnehmen. Geöffnet ist jeden Samstag, Sonntag und an Feiertagen von 15-18 Uhr im Sommer und von 14-17 Uhr im Winter. Weitere Öffnungszeiten sind nach telefonischer Vereinbarung unter 06405-90155 oder 950730 möglich. Informationen dazu im Internet: www.kunstforum-laubach.de

In der Schlossgalerie sind wechselnde Ausstellungen zu sehen.

In dem im Osten des Schlosses gelegenen Eckgebäude mit quadratischem Grundriss und pyramidalem Mansardendach, dem sogenannten „Neuen Bau" befindet sich eine bemerkenswerte, historische Bibliothek: mit etwa 120.000 Titeln ist sie eine der größten europäischen im Privatbesitz. Erste Ankäufe gehen auf die Mitte des 16. Jahrhunderts zurück, als die Bücher als Wissensgrundlage der 1555 ins Leben gerufenen Lateinschule dienten. Begründer der Bibliothek war Graf Friedrich Magnus, oberster Hofmarschall des Kurfürsten August von Sachsen und Freund des Reformators Philipp Melanchthon. Dieser Freundschaft ist auch die frühe Einführung der Reformation in Laubach 1544 zu verdanken. Durch Erbschaften, Stiftungen und Zukäufe vergrößerte sich die Bibliothek, nach 1803 kam der kostbare Buchbestand des Klosters Arnsburg ebenfalls nach Laubach. Die Bibliothek wird bei regelmäßigen Führungen vom 15. April bis zum 31. Oktober, jeweils mittwochs um 17 Uhr der Öffentlichkeit zugänglich gemacht. Buchungen sind unter der Telefonnummer 06405-91040 möglich.

Einer der beiden Teiche im Schlosspark Laubach.

Der Schloss- und Kurpark lockt vor allem mit einem alten Baumbestand und einem weitläufigen Wegenetz. Darin befinden sich auch ein Schwanenteich, ein historischer Eiskeller sowie eine Kneippanlage mit Veranstaltungsbühne für sommerliche Konzerte und Theateraufführungen. Mehrmals im Jahr ist der Schlosspark Veranstaltungsort überregional bedeutender Veranstaltungen, wie Gartenmärkte oder das legendäre Bluesfestival „Blues, Schmus & Apfelmus", das weit über die Grenzen der Stadt hinaus bekannt ist. Der Schlosspark wurde im Stil eines englischen Landschaftsgartens mit einer relativ großen botanischen Artenvielfalt gestaltet: Graf Hermann Maximilian zu Solms-Laubach (geb. 1842) war Botanik-Professor in Göttingen und beteiligte sich maßgeblich an der Erweiterung und Gestaltung des Parks. Von den sieben Teichen, die zur Verteidigung des mauerlosen Bereichs angelegt wurden, sind heute mit dem Schwanen- und dem Inselteich nur noch zwei erhalten. Die frühere Untermühle im westlichen Bereich des Parks wurde 1587 erbaut, 1832 stillgelegt und dient heute als Wohnhaus.

Der Baumbestand im Park erfreut sich einer hohen Artenvielfalt.

Museen im Laubach

Schlossmuseum

Dauerausstellung als Synthese von Vergangenheit und Gegenwart. Geschichten und Schätze aus 500 Jahren Leben im Laubacher Schloss werden in prächtigen, gotischen Räumen präsentiert, ein historisches Lebensgefühl und Traditionen werden vermittelt. Regelmäßige Führungen vom 15. April bis zum 31. Oktober, mittwochs 15 Uhr. Eintritt: 3,50 Euro. Weitere Führungen unter der Telefonnummer 06405-91040 buchbar.

Museum Fridericianum

Das Museum befindet sich im ehemaligen Jagdschloss der Grafen zu Solms-Laubach, direkt neben dem Laubacher Rathaus in der Friedrichstraße 9. Geboten wird eine Zeitreise von der Steinzeit bis in die Nachkriegszeit, erste Besiedlung, Residenzzeit, Dorfbewohner im Dreißigjährigen Krieg, Kirchen- und Schulgeschichte, handwerkliche und industrielle Arbeitsmöglichkeiten im Laubacher Land. Geöffnet ist samstags und sonntags 14:30-16:30, jeden ersten Mittwoch im Monat von 10-12 Uhr; Gruppen auf Anfrage, 06405-921602. Eintritt für Erwachsene: 3 Euro, Kinder 1 Euro. www.museum-fridericianum.de

Puppenstuben-Museum
Die Puppenstubensammlung von Prinzessin Monika von Hannover ist in einer historischen Fachwerkscheune, in unmittelbarer Nähe zum Schloss untergebracht. Eine Audioführung leitet durch die Ausstellung und lässt die Kinderzeit vergangener Epochen wieder lebendig werden. Geöffnet: Dienstags bis freitags 14-17 Uhr, samstags und sonntags 11-17 Uhr, montags geschlossen, Eintritt für Erwachsene 5 Euro, Kinder 3 Euro.
Friedrichstraße 4A, Tel. 06405-5053300
www.puppenstuben-museum.com

Spenglerei- und Ofenmuseum
Wilhelm Alban Museum – Ofen-Museum in Laubach. Das Museum widmet sich der Geschichte, Technik und Faszination von Gussöfen und Küchenherden. Zu sehen sind alte gusseiserne Öfen ebenso wie historische Badeöfen. Eine ideale Ergänzung zur Erkundung der Eisenverhüttung und des Gießereiwesens in der Region.
Zum Tiergärtner Teich, Besichtigungstermin nach telefonischer Vereinbarung unter 06405-1514, www.wilhelm-alban-museum.de

Die Wetter verlässt Laubach, fließt weiter in Richtung Wetterfeld. An ihrem Ufer, vor dem Ortsausgang wächst der Baldrian.

Wetterfeld

Sie wandert (...) nach dem hesselbrücker Hammer, wo sie wieder Dienste sucht. Die Leute nehmen sie auch und geben gute Kost und Lohn; aber schaffen muß sie von Morgen bis Abend, daß sie ächzt. Das Hämmern und Schmieden paßt auch nicht für eine Jungfrau, wenn's schon nur eine Vogelsbergerin ist (...).

Schon etwa 700 Meter nach dem Verlassen des Laubacher Gewerbegebiets trifft die Wetter auf den Laubacher Ortsteil Wetterfeld. Das kleine Straßendorf entlang der Landesstraße 3481 ist die einzige Ortschaft am gesamten Wetterlauf, die nach dem Fluss benannt wurde.
Die Wetter macht vor dem Ort noch ein paar kleine Schlinger, bevor sie in der Ortslage schließlich eher einem einfachen Wiesengraben gleicht, der recht gerade in seinem hochwassersicheren Trapezprofil verläuft, vorbei am Sportplatz. Dann mündet von Norden kommend am westlichen Ortsrand der kleine Bach Lauter. Sieben Kilometer lang, entspringt die Lauter östlich des gleichnamigen Dorfes, nahe Weickartshain. Der Name Lauter leitet sich ab von „Luttara", was so viel bedeutet wie „klarer Bach". Aufgrund seines starken Gefälles trieb er früher zahlreiche Wassermühlen an, was dem Ort Lauter auch den Namen „Sieben-Mühlen-Dorf" einbrachte. Die Walk-Mühle und der Georgenhammer sind lange nicht mehr in Betrieb und kaum mehr als Mühle wahrnehmbar, aber in den Rad- und Wanderkarten verzeichnet.
Die ältesten Besiedlungsspuren in Wetterfeld reichen zurück bis in die Jungsteinzeit, eine erste urkundliche Erwähnung stammt aus dem 9. Jahrhundert. Ort und Ländereien wechselten häufig ihren Besitzer, meist gehörten sie Klöstern, darunter auch dem Kloster Arnsburg.
Auf rund 1,3 Kilometern geht es hinter Wetterfeld weiter durch die Scheibenwiesen bis zur geschichtsträchtigen Hessenbrücke. Hier befinden sich der Hessenbrückenhof, der Hessenbrückenhammer und die Hessenbrückenmühle. Auf einer Län-

Die Wetter in Wetterfeld

ge von 150 Metern verengt sich das Tal zu einem schmalen Durchbruch durch das Basaltgestein. Ihren Namen leitet die Hessenbrücke aus der Geschichte ab. Hier verliefen nämlich die „Kurzen Hessen", eine der beiden mittelalterlichen Verbindungsstraßen zwischen Frankfurt am Main über Eisenach nach Leipzig. Eine Furt führte durch die Wetter. Auch Martin Luther nutzte die Kurzen Hessen als er 1521 mit seinem Fuhrwerk vom Reichstag in Worms zurück nach Eisenach reiste. Ab 2017 folgt dem Verlauf der Kurzen Hessen daher auch der Hessische Lutherweg 1521, ein Pilgerweg, der eben diese Reise auf einer Strecke von beinahe 400 Kilometern nachempfinden lässt.

Hessenbrückenhammer

Zunächst passiert die Wetter den Hessenbrückenhammer. Eine monströs anmutende Bezeichnung für eine vorindustrielle, wasserbetriebene Einrichtung zur Eisenverarbeitung. Vom Hammer ist heute nichts mehr erhalten, die letzten Gebäude davon wurden bereits zu Beginn des 20. Jahrhunderts abgebrochen. Dafür befindet sich hier ein Landgasthof, der immerhin schon auf eine Tradition von über 300 Jahren zurückblicken kann.

Der erste Eisenhammer an der Hessenbrücke wurde in den Jahren 1708-1709 errichtet. Im Jahre 1714 kam dann das Wirtshaus dazu. In größeren Hammerwerken wurde das aus den Schmelzen angelieferte Rohmaterial, die sogenannten Luppen, erneut erhitzt und ausgeschmiedet. Mit kleineren Zainhämmern konnte Stabeisen hergestellt werden, dies ist auch für den Hessenbrückenhammer belegt.

Die Wasserkraft der Wetter trieb mächtige Wasserräder an, die wiederum eine dicke hölzerne Achse – den sogenannten Wellbaum – in Bewegung setzte. Dieser Wellbaum hatte in regelmäßigen Abständen rundherum Kammern, die nacheinander den Hammer anhoben. Der eiserne Hammerkopf, der mehrere Zentner schwer sein konnte, war an einem langen, dicken Stiel befestigt. Das Ende, auch Schwanz genannt, wurde immer dann von den Kammern des Wellbaums erfasst, wenn es nach oben stand. Die Wasserkraft hob den Hammer also an, dann klinkte er aus und sauste nach unten. Mit jeder Umdrehung des Mühlrads wurde so der Hammer mehrmals angehoben und fiel wieder herab auf das zu bearbeitende Metallstück. Das Mühlrad betätigte auch die riesigen Blasebälge, die das Feuer anfachten, in dem das Eisen erhitzt wurde.

Der Hessenbrückenhammer wurde vom Pächter der Friedrichshütte, Johann Wilhelm Buderus betrieben, der dort das gewonnene Eisen verarbeiten ließ. Nach einigen Höhen und Tiefen entwickelte sich die Firma Buderus schließlich um 1830 zu einem der führenden Unternehmen in der Eisenerzeugung in Deutschland. Mit der Industrialisierung ersetzten die stärkeren Dampfmaschinen und später auch Gas-, Diesel- und Elekt-

romotoren die Wasserkraft. Daher ist der Betrieb des Hessenbrückenhammers um 1870 eingestellt worden. Die Wasserkraft konnte noch eine Weile für den Betrieb eines Sägewerks genutzt werden, bevor auch der eingestellt wurde.
Um 1907 wurde das Gebäude zum Abbruch verkauft und dem Erdboden gleich gemacht. Übrig blieb allein die Gaststätte.

Hessenbrückenmühle

Nur wenige Meter flussabwärts, über die Landesstraße 3007 hinweg, liegt an der Wetter die Hessenbrückenmühle, einst eine Getreide- und Ölmühle mit zwei Wasserrädern und heute ein Ort mit einem kulturell anspruchsvollen Programm. Die wunderschönen Fachwerkgebäude sind Veranstaltungsort, an dem junge Talente durch Konzerte und Meisterklassen gefördert werden.
Die erste Erwähnung der Mühle datiert auf das Jahr 1548, in dem das Anwesen an den Grafen Solms verkauft wurde. Damals stand hier noch eine Waldschmiede, erst 1698 durch eine Mühle ersetzt. Als gräfliche Erbleihmühle wird sie anschließend über viele Generationen von einer Pächterfamilie betrieben. Um 1850 wird die Mühle dann an Buderus verkauft, der schon den Hessenbrückenhammer und das Braunkohlenbergwerk auf dem benachbarten Brückenberg betreibt. In diesem Bergwerk sollen zwischen 1819 und 1898 etwa hundert Arbeiter beschäftigt gewesen sein. Zahlreiche Wohnhäuser und Werksgebäude haben dort gestanden. Von dem regen Betrieb ist an dieser Stelle heute nicht mehr viel zu sehen.
Das heutige Erscheinungsbild wurde wesentlich durch Buderus geprägt, der um die Hofmitte mit dem Nussbaum das Mühlhaus mit modernem Turbinenantrieb errichten ließ. Die Scheune erhielt nach dem Vorbild der fürstlichen Stallungen in Lich eine Decke, die durch ein Kreuzgewölbe, ruhend auf Basaltsäulen, getragen wird. Das große Herrenhaus stand ursprünglich am Georgenhammer in Lauter, wo es 1869 abgebrochen wurde. Um 1872 kamen noch eine Remise und ein neues Waschhaus dazu. Weitere Informationen unter www.paucker-konzerte.de

Münster

Nur 500 Meter nach der Hessenbrückenmühle fließt die Wetter am Laubacher Stadtteil Münster vorbei, der nördlich des Flusses gelegen, einen Abstand von rund 400 Metern hält. Der Ortsname könnte ein Hinweis auf ein ehemaliges Kloster sein, leitet man ihn aus dem lateinischen „monasterium" ab. Von Klostermauern ist nichts zu sehen, dafür aber eine sehenswerte spätgotische, dreischiffige Hallenkirche, die um 1300 errichtet wurde. Aus dem 13. Jahrhundert stammt ein Taufstein, der das älteste Stück der Kirche repräsentiert.
Westlich des Ortes fließt der von Norden kommende Äschersbach, der bei Münster nach 13,6 Kilometern Länge in die Wetter mündet. Der Äschersbach entspringt bei Lehnheim und hat im Bereich seiner Mündung auf rund 500 Metern Länge einen engen Taldurchbruch durch das anstehende Basaltgestein geschaffen.
400 Meter nach der Mündung des Äschersbachs und noch 47,5 Kilometer bis zur Mündung der Wetter in die Nidda befindet sich bei Münster eine erste Pegelmessstation der Hessischen Landesanstalt für Umwelt und Geologie.

Die Wetter nahe Münster

Die Pforte von Ober-Bessingen

Ober-Bessingen

An der Steinesmühle von Grünberg herab geht sie zur Papiermühle in Dienst. (...) sie muß hämmern Tag und Nacht und dem Holländer helfen was gibst du, was hast du. (...) sie nimmt ihren Weg über Oberbessingen und bietet sich Mühlen an. Und als sie da fortgeschickt wird, geht sie durch die lange „Häuser-Wiese“, wo am warmen Sommertag die Sonne ihr gewaltig zusetzt, bis sie endlich bei Lich ganz ermüdet anlangt. Sie (...) wendet sich am Schloß vorbei, wo der Herr Fürst einen alten festen Wohnsitz hat, nach den Mühlen zu, durch die sie wandert, um am Kohlhäuser-Hof dem Herrn Gros und seiner lieben jungen Frau ihre Dienste anzubieten.

Die Wetter in Ober-Bessingen

Unterhalb von Ober-Bessingen wird das Tal der Wetter sichtbar breiter und flacher.

Bäume in der weithin offenen Grünlandaue sind eher eine Seltenheit, an der Wetter fehlen in diesem Abschnitt die Ufergehölze.

Vorbei an der Steinesmühle erreicht die Wetter etwa 800 Meter nach Münster den Licher Stadtteil Ober-Bessingen. Der Ort besteht mehr oder weniger aus zwei Teilen, einem neueren nördlich der Wetter und dem älteren Teil südlich. Dazwischen liegt in der Talaue ein nahezu unbebauter Streifen mit Wiesen und Äckern.
In dem älteren Teil des Ortes ist die Besichtigung der Ober-Bessinger Pforte an der Durchgangsstraße, der Ortsstraße, ein absolutes Muss: Das hübsche Fachwerkgebäude mit dem markanten Durchlass und kleinem Türmchen ist eines der letzten seiner Art. Viele Dörfer im Wettertal waren früher mit einem Haingraben als Befestigungsanlage umgeben. Die Tore wurden nachts verschlossen, meist war der Haupteingang mit einem solchen Torhaus versehen.
Die Pforte von Ober-Bessingen wurde 1782 neu aufgebaut, nachdem bereits in der Kirchweihnacht 1675 das alte Torhaus samt des größten Teils des Ortes abgebrannt war.
Der Ort hat viel Leid gesehen, schon vor dem großen Brand, dem 63 Häuser zum Opfer fielen, wüteten hier die Truppen im Dreißigjährigen Krieg, gefolgt von Pestepidemien. Armut prägte das bäuerliche Ober-Bessingen, in den Wintermonaten mussten sich die Familien mit der Leinenweberei ein zusätzliches Einkommen verschaffen. Für den Ort sind auch eine Papiermühle und Basaltsteinbrüche belegt. Obwohl Ober-Bessingen erst 1260 urkundlich erwähnt wird, siedelten hier schon viel früher Menschen. Auf der südlich gelegenen, bewaldeten Anhöhe, dem „Hässel", befinden sich mehrere Hügelgräber aus der Bronzezeit.
Unterhalb von Ober-Bessingen flacht das Gelände sichtlich ab, das Tal wird breiter, eine erste große Grünlandaue öffnet sich. Die Ränder der Aue sind nur noch schwach geneigt und der Naturraum Vogelsberg bekommt hier schon fast die Gesichtszüge der Wetterau, die hinter Lich beginnt.

Nieder-Bessingen

Nach Ober-Bessingen bekommt die Wetter mit der Bessinger Talweitung den Charakter eines Flussunterlaufs, obwohl nicht einmal ein Drittel der Fließstrecke erreicht ist. Über 200 Höhenmeter ist die Wetter bereits abgefallen, auf dem Weg von hier bis zur Mündung bleiben auf über 45 Kilometern Länge nur noch knapp 55 Höhenmeter Gefälle übrig. Dieses auffallend geringe Talsohlengefälle wird auch daran deutlich, dass sie weite Bögen nimmt und erst einmal an den südlichen Talrand schwingt. An den Ufern fehlen in langen Abschnitten die beschattenden Bäume. Nach 900 Metern stößt die Wetter dann auf die Basaltkuppe des Mühlwäldchens, wird nach Norden gezwungen, trieb einst das Wasserrad in Mühlsachsen auf der Rückseite der Anhöhe an und verlagert ihren Lauf an Nieder-Bessingen vorbei allmählich an den nördlichen Talrand bis heran an die Peinmühle.

Leinen, Bürsten und Blutegel

Nieder-Bessingen war von den für die Region typischen Erwerbszweigen geprägt, Flachs wurde angebaut, Leinen gewoben, Bürsten aus Schweineborsten produziert und auch eine Blutegelzucht ist dokumentiert. Schon früh wurde der Medizinische Blutegel für den Aderlass eingesetzt, der einer Entgiftung dienen sollte. Nachgewiesen ist die Wirkung des Speichels der Tiere, der Thrombosen entgegen wirkt sowie Entzündungen und Schmerzen beispielsweise bei Arthritis lindert. Auch heute können Blutegel noch über die Apotheke bezogen werden. Neben anderen Egelarten war auch der Medizinische Blutegel an der Wetter zu finden. Er bevorzugt schlammige Stillgewässer, die er in den Überschwemmungszonen der Auen findet. Durch den vermehrten Einsatz des Blutegels, insbesondere in der ersten Hälfte des 19. Jahrhunderts, wurde er so stark dezimiert, dass er heute einen besonderen Artenschutz genießt.

Löschwasserteich in Nieder-Bessingen

Wetterbogen um Mühlsachsen

Auf dem R6 zu einer alten Wüstung

Ab Nieder-Bessingen begleitet der Hessische Radfernweg R6 die Wetter. Von Homberg (Ohm) über Grünberg von Norden her kommend, verläuft der Weg diagonal durch Nieder-Bessingen, quert nach Süden das Tal der Wetter und geht dann am südlichen Talrand weiter bis Lich. Bis nach Rockenberg kann der gut ausgeschilderte R6 für die Wettererkundung genutzt werden.

Rund zwei Kilometer auf dem R6 nach Nieder-Bessingen ist im angrenzenden Wald die Wüstung Hausen gelegen. Sie wird erstmals 1268 erwähnt und erreicht ihre größte Ausdehnung an der Wende vom 13. zum 14. Jahrhundert. Nicht viel später wird Hausen aber schon wieder aufgegeben und ist 1436 bereits als „Wüstung Husen" verzeichnet. Bei Ausgrabungen zwischen 1968 und 1970 konnten die Grundmauern der Kirche aus dem 13. Jahrhundert freigelegt und restauriert werden. Dieser Kirchenbau steht auf dem Grund einer viel älteren, iroschottischen Kirche aus dem 8. Jahrhundert. Bei den Aus-

Ein Teil der Grünlandaue wird von Rindern beweidet.

grabungen kamen auch Keramiken, Steingefäße, ein Schlüssel sowie ein frühmittelalterliches Beinrelief aus der zweiten Hälfte des 8. Jahrhunderts zutage. Die Wüstung ist auch über den Wirtschaftsweg zu erreichen, der von der Landesstraße 3481 zwischen Nieder-Bessingen und Lich abzweigt. Hier liegt ein Wandererparkplatz in einem kleinen Wäldchen talseits mit einer Schautafel zu den im Umfeld verlaufenden Wanderwegen, darunter auch der Wetterweg.

Die erste große Aue

Die bis zu einem Kilometer breite und rund fünf Kilometer lange Aue bis nach Lich ist geprägt von Grünland unterschiedlicher Ausprägungen, trockenere wechseln sich mit feuchten und nassen Standorten ab. Der blau blühende Wiesen-Storchschnabel verrät die vorherrschende Pflanzengesellschaft, daneben blüht in den Gräben violett der Blut-Weiderich, viele andere Blütenpflanzen wechseln einander im Jahreslauf ab. Wo es feuchter

Wetter zwischen Nieder-Bessingen und Lich

wird, verändert sich die Zusammensetzung der Gräser, Seggen dominieren plötzlich und am Wetterufer sowie an Gräben stehen Schilfbestände. Die Bodenfeuchte ist also deutlich am unterschiedlichen Pflanzenwuchs zu erkennen. Dann sind auch noch kleinräumig wechselnde Nutzungsmuster zu sehen. Die Landwirte bringen, in Abstimmung mit dem Naturschutz, wieder ein kleinteiligeres Mosaik in die Landschaft, platzieren extensive Beweidungsflächen mit robusten Rindern neben selten gemähten Wiesenbereichen. Wo es trockener ist, ist durchaus auch eine intensivere Wiesennutzung im Sinne des Naturschutzes. Schließlich wollen viele der in den Wiesen brütenden Vogelarten auch offene Bereiche für die Nahrungssuche oder zum Führen der Jungen haben. Die würden in einer ungemähten Wiese vom Tau an den hohen Grashalmen derart durchnässen, dass sie erfrieren.

Zahlreiche Enten und Gänse zieht es an die Flachwasserteiche.

Naturschutzgebiet „Wirtswiesen bei Lich" ❶

Mittendrin liegt das 56 Hektar große Naturschutzgebiet „Wirtswiesen bei Lich" in dem bereits in den 1980er Jahren auf Betreiben der Hessischen Gesellschaft für Ornithologie und Naturschutz (HGON) zahlreiche Mulden und Flachwasserteiche angelegt wurden. Prompt steigt hier die Artenzahl. Einige der Vogelarten lassen sich von dem leicht erhöht liegenden Radweg entlang der Landesstraße 3481 hervorragend beobachten. Plötzlich stehen da Reiher und Kormorane. Auf den Wasserflächen Schwärme von Enten und Gänsen. Von den Wasserflächen profitieren auch Frösche und Molche, die hier wieder laichen sowie Zugvögel, die einen Rast- und Nahrungsplatz finden, an dem sie neue Energie für die Weiterreise tanken können.

Fluss ohne Gehölzsaum im Naturschutzgebiet

Die unterschiedlichen Gräser verraten den Feuchtegrad des Bodens.

Flachwasserteiche in den Wirtswiesen

Hochwasserrückhaltebecken und der Storch

Oberhalb von Lich befindet sich ein Hochwasserrückhaltebecken mit einer Kapazität von 3,28 Millionen Kubikmetern, die Dämme dafür zeichnen sich deutlich in der Landschaft vor der Bundesstraße 457 ab. Auch die Straße selbst verläuft auf einem Hochwasserschutzdamm. Betreiber der Einrichtung ist der Wasserverband Nidda, der im Einzugsbereich der Nidda vier solcher Hochwasserschutzmaßnahmen betreibt. Das Rückhaltebecken bei Lich ist das zweitgrößte nach der Niddatalsperre, hat aber nur im Hochwasserfall eine größere Wasserfläche.

Zwischen der Wetter und dem R6, noch vor der B 457 gelegen, ist das Niederried. Hier brütet seit 2008 – nachdem es rund fünfzig Jahre verschwunden war – wieder ein Licher Storchenpaar. Viele Jahre hatten die Licher Naturschützer vergeblich auf den Charaktervogel gewartet, ihm schon zwanzig Jahre zuvor ein Nest eingerichtet. Jetzt hat er sich wieder fest hier etabliert und sorgt seither für Nachwuchs.

Brückenartige Mauer über die Wetter bei der Obermühle

Lich

Schon von weitem ist Lich an seinem 50 Meter hohen Stadtturm zu erkennen. Nachdem sich die Wetter unter der Bundesstraße 457 hindurchquetschen muss, verläuft sie nach einem Knick nach Westen direkt auf die Obermühle von Lich zu. 1768 erbaut, beeindruckt das Gebäude mit seinem massiv aus Natursteinen gemauertem Erdgeschoss und dem kunstvoll darauf errichteten Fachwerk sowie dem barocken Mansardendach. Eine Natursteinmauer ist brückenartig hinter dem Gebäude zu sehen, an der Hauswand lehnt noch ein alter Mahlstein und die Lampe an der Gebäudeecke verbindet symbolisch historische und zukunftsweisende Energieträger in einem: Sonne, Biomasse und Wasserkraft. Energien, die dem Menschen auf

Der 50 Meter hohe Stadtturm ist eines der Wahrzeichen von Lich.

Eine Lampe an der Gebäudeecke der Obermühle stellt auf einfache Weise die erneuerbaren Energien dar.

Einer der letzten Mahlsteine an der Fassade der Obermühle.

natürliche Weise schon seit Jahrhunderten zur Verfügung stehen, mechanische Prozesse erleichtern und sich immer wieder erneuern.

In Lich nimmt die Wetter rechtsseitig den von Norden kommenden, 6,8 Kilometer langen Albach auf, der vor der Stadt drei Teiche mit Wasser versorgt, darunter auch der „Unterste Teiche", der als Naturschwimmbad genutzt wird und anschließend den Breuerbergsteich. Linksseitig mündet mitten in Lich, südlich des Schlossparks, der Weidgraben. Dieser fließt seit Mühlsachsen parallel zur Wetter am südlichen Talrand und erreicht seine Mündung nach 5,6 Kilometern.

Lich ist eine sehr sehenswerte, über 1.200 Jahre alte Festungs- und Residenzstadt. Malerische Fachwerkstraßen laden mit Cafés und Restaurants zur Rast ein. Dazu zahlreiche Baudenkmäler, ein Schloss mit weitläufiger Parkanlage, das Rathaus am Marktplatz sowie Stadtturm und Marienstiftskirche am Kirchplatz.

P

Malerische Fachwerkaltstadt von Lich

Die Wetter umfließt Altstadt und Schlosspark. Südlich davon muss sie sich unter der Bahnlinie hindurchducken. An dieser Stelle bilden die Gleise ungefähr die Naturraumgrenze ab: Die Wetter lässt den Vogelsberg hinter sich und fließt hinein in die Wetterau, anschließend verabschiedet sie sich von Lich in südwestlicher Richtung.
Vorbei an der Kläranlage erreicht sie schließlich das Hofgut Kolnhausen eine rechtsseitig der Wetter liegendes Gehöft, das von einer Bruchsteinmauer umgeben ist. Hier präsentiert sich eine barocke Wohnanlage mit Gutsherrenhaus, Wassermühle und landwirtschaftlichen Nebengebäuden. Die Gesamtanlage ist als Kulturdenkmal ausgewiesen und war bis 1803 landwirtschaftliches Gut des Klosters Arnsburg. Nach der Säkularisation ging sie in den Besitz der Fürsten zu Solms-Hohensolms-Lich über und wurde bis 2001 für die Rinderzucht genutzt. Kolnhausen wurde schon früh der Stadt Lich zugeschlagen. Die Ländereien rund um das Hofgut wurden in den 1980er Jahren zu einem Golfplatz umgestaltet. Hinter Kolnhausen verengt sich das Tal auf dem Weg zum Kloster Arnsburg.

Schloss und Schlosspark

Im Zentrum der Stadt befindet sich das Schloss der Fürsten zu Solms-Hohensolms-Lich. Die Schlossanlage war ursprünglich eine rechteckige, im 13. Jahrhundert erbaute Wasserburg, die den Übergang über die Wetter sichern sollte. Später entsteht das heutige, barocke Schloss, das von der Fürstenfamilie bewohnt wird. Der rund sieben Hektar große, öffentlich zugängliche Schlosspark gilt als einer der schönsten und größten Oberhessens. Ursprünglich ein fürstlicher Nutzgarten, wurde er zu Beginn des 19. Jahrhunderts zu einem Landschaftsgarten nach englischem Vorbild umgestaltet. Prägende Elemente sind eine Kastanienallee und der zentral im Park gelegene Schwanenteich. Dieser Teich ist ein Rest des alten Wassergrabens, der um die ehemalige Burg führte. Südlich wird der Schlosspark durch die Wetter abgegrenzt, am südöstlichen Parkeingang liegt die 1719 errichtete Schloss- oder Untermühle, die im Volksmund auch „Dippemühl" genannt wird, weil sie seit den 1940er Jahren auch als Töpferei genutzt wurde.

Brunnen auf dem Marktplatz vor dem Rathaus

Befestigung und Stadtturm

Auf einem Stich von Merian von 1655 ist er noch sehr gut zu erkennen, der Charakter einer Festungsstadt mit durchgehender, mächtiger Stadtmauer, verschließbaren Toren und Türmen. Vorgelagert die Wetter als Teil der Stadtbefestigung. Wer von Süden her näher kommen wollte, musste erst einmal den Fluss überwinden. Viel ist von den alten Mauern nicht mehr erhalten, ein markantes Überbleibsel ist jedoch der 1306 erbaute Stadtturm, der ein wesentliches Element der nördlichen Stadtbefestigung war. Er beherbergt das Dreiergeläut der benachbarten Marienstiftskirche. Die Glocken hängen hoch oben unter der Wohnung des Türmers, der für das viertelstündige Schlagen zuständig war. Der Turm war in die Jahre gekommen, baufällig, eine Besteigung kaum mehr möglich. Dank des Engagements der Turmfreunde Lich konnten Spendengelder für eine Sanierung gesammelt werden, 2009 bis 2011 fand diese statt und seither ist eine Besichtigung und Besteigung dank eingebauter Sicherungen und Besuchertreppe möglich. Über 152 Stufen ist

Licher Rathaus, erbaut zwischen 1847 und 1850

der Weg nach oben im Rahmen von Turmbesichtigungen möglich, die die Turmfreunde regelmäßig oder nach Vereinbarung anbieten. Darüber hinaus bietet der Verein auch Stadtführungen und Planwagenfahrten an, die entlang der Wetter, durch das Gottesackertal bis nach Kloster Arnsburg und Muschenheim führen. www.licher-turmfreunde.de

Die Marienstiftskirche und der Kirchplatz

Einst klapperte es auf ihrem Dach: Noch in den 1950er Jahren befand sich auf dem Dach der Marienstiftskirche ein Storchennest. Damals war das ein beliebtes Postkartenmotiv, das heute bestenfalls noch antiquarisch erworben werden kann. Der Storch ist zwar nach einigen Jahrzehnten Abstinenz seit 2008 wieder in der Licher Gemarkung unterwegs, bis hinein in die Innenstadt traut er sich jedoch nicht mehr. Vom Storchennest auf der Kirche ist nichts mehr zu sehen. Dennoch lohnt ein Besuch dieses baugeschichtlich interessanten Gebäudes. Zu Ehren der Gottesmutter Maria, des Heiligen Martin und der Heiligen Elisabeth im Jahre 1320 geweiht, erfuhr sie im Laufe ihrer rund 700jährigen Geschichte einige Umbauten. Nach dem Vorbild der Heiliggeistkirche in Heidelberg und der Stadtkirche in Wittenberg erhielt sie um 1510 das Aussehen einer spätgotischen Hallenkirche, das gotische Kreuzrippengewölbe wurde jedoch nur in Teilen bis zur Fertigstellung des Umbaus 1594 ausgeführt.

Etliche Kunstwerke sind in der Kirche zu besichtigen, beispielsweise die Grabdenkmäler Licher Herrscher oder die hochbarocke, geschnitzte Arnsburger Kanzel mit den Kirchenvätern Bernhard von Clairvaux, Thomas von Aquin, Leo dem Großen und Bonaventura. Seit 1988 erinnert ein Gedenkstein an der Südwand des Chores an das Judenpogrom von 1938.

Ein Besuch der Marienstiftskirche ist nach Anmeldung unter der Telefonnummer 06404-806-245 möglich.

Neben der Kirche, auf dem Kirchplatz, stehen zwei imposante alte Bäume, die als Naturdenkmäler ausgewiesen wurden und an dem kleinen, dreieckigen Schild zu erkennen sind, darunter jeweils eine Erläuterungstafel. Es handelt sich um eine Winterlinde, die als „Lutherlinde" am 10. November 1883 zur Erinnerung an den 400. Geburtstag des Reformators Martin Luther gepflanzt wurde. Daneben eine Stieleiche, als „Stadteiche" benannt und zur Erinnerung an die Feier zum 100. Jahrestag der Völkerschlacht bei Leipzig am 18. Oktober 1913 gepflanzt.

Kulturzentrum Bezalel-Synagoge

Seit Januar 2006 erstrahlt die ehemalige Synagoge von Lich, in der Amtsgerichtsstraße 4, wieder in neuem Glanz, ist jetzt ein herausragender Ort kultureller Veranstaltungen und verfügt über eine einzigartige Akustik, die insbesondere Kammerkonzerten einen guten Ton verleiht. 130 Zuschauer finden im Saal Platz.

Ab 1922 war das Gebäude Synagoge der jüdischen Kultusgemeinde in Lich. In dem Pogrom im November 1938 brachen Licher Bürger den Sakralraum auf und zerstörten die Einrichtungsgegenstände. Seit 1940 ist das Haus im Besitz der Stadt Lich, wurde unterschiedlichen Nutzungen zugeführt. Der 1995 gegründeten Ernst-Ludwig Chambré-Stiftung schließlich ist es zu verdanken, dass dieses Gebäude wieder in einen würdigen Zustand gebracht wurde.

Chambré wurde 1909 in Lich geboren, er stammt aus einer jüdischen Familie, die dort ein Manufakturwaren- und Bankgeschäft betrieb. Die Familie wurde schon früh Zielscheibe nationalsozialistischer Agitation, der Vater wird von der Licher SA schwer misshandelt, das Familienvermögen auf dubiose Weise in einem Konkursverfahren verschleudert. Schließlich wird die Familie nach Auschwitz-Birkenau deportiert und ermordet. Nur Ernst-Ludwig Chambré gelingt die Flucht über mehrere Stationen in die USA.

Im Haus befinden sich neben einem Büro der Stiftung auch die Musikschule Lich e.V. sowie künstLich e.V., ein kultureller Förderverein, der Veranstaltungen aus den Bereichen Musik, Theater, Literatur, Ausstellungen und Kleinkunst organisiert. Das aktuelle Programm des Vereins ist im Internet unter www.kuenstlich-ev.de zu finden.

Lich ist seit 1854 Brauereistandort

Hopfen und Malz

In viele Bäume entlang der Wetter klettert der wilde Hopfen mit seinen langen Ranken, Braugerste wächst auf den Äckern der Wetterau und für sein gutes Wasser ist der Vogelsberg schon sprichwörtlich. Wen wundert es da, dass hier in Lich seit 1854 eine Brauerei recht erfolgreich ihrem Handwerk nachgeht. Heimatverbunden wirbt ein fliegender Edelstein, der an der benachbarten Wetter lebt, für das Unternehmen. Wahrscheinlich haben viele Menschen ihren ersten Eisvogel auf den Flaschen, Gläsern, Bierdeckeln oder in den Werbespots der Licher Brauerei gesehen.

Die Suche nach dem besten Wasser für das Bier fördert zugleich eine alte Sage zutage: Der zufolge gehe nämlich in Lich nächtens der Geist einer Nonne um, die – nach allzu weltlichen Freuden schwanger – unbemerkt ein Kind gebar und dieses in einen tiefen Brunnen warf. Daraufhin von einem Fluch getroffen, muss sie nun jede Nacht um zwölf Uhr an den Brunnen,

dort hineinschauen, ihrem toten Kind winken und verschwindet mit dem Glockenschlag um ein Uhr wieder. Einige Jahrhunderte nach diesem Kindsmord suchten die Licher Braumeister nach einer sauberen Quelle und fanden das beste Wasser in dem Brunnen eben dieser Klosterfrau.
Neben zahlreichen Zweibeinern, die hier einen Arbeitsplatz finden, sind bei der Brauerei auch acht Vierbeiner beschäftigt. Kräftige Pferde, Rheinisch-Deutsche Kaltblüter. Sie dienen der Traditionspflege: Einst zogen sie die mit Bierfässern beladenen Wagen zu den Gasthöfen der Region. Heute haben sie ihre ganz besonderen Auftritte bei Veranstaltungen, bei denen sie sechsspännig geschmückte Festwagen ziehen. Stallungen und Pferde können auch im Rahmen einer Brauereiführung besucht werden. Die werden immer mittwochs und donnerstags von 15:30 bis 18:00 sowie von 18:30 bis 21:00 Uhr angeboten. Anmeldungen dazu werden unter 06404-825-100 entgegen genommen. Neben den Pferden wird auch eine Besichtigung des Sudhauses mit den Maisch- und Läuterbottichen geboten. Dazu gibt es Wissenswertes zur Geschichte der Braukunst, der Verwendung von Hopfen, Malz, Wasser und Hefe und natürlich anschließend bei einem kleinen Imbiss auch ein frisch gezapftes Bier.

Stadtführungen

Bei der Tourist-Info der Stadt Lich können Führungen durch die Licher Altstadt gebucht werden. Bei einem einstündigen Rundgang sind das Schloss mit angrenzendem Schlosspark sowie das Textorhaus und viele historische Fachwerkhäuser zu sehen. Bis zehn Personen pauschal 25 Euro, ab elf Personen 2,50 Euro pro Person. Terminanfrage und Buchung unter der Telefonnummer 06404-806-100.
Darüber hinaus bietet die Tourist-Info einen Online-Stadtführer unter dem Titel „Geschicht-Lich" an. An wichtigen Gebäuden in der Stadt sind QR-Codes angebracht, die vor Ort mit einem internetfähigen Smartphone eingescannt werden können. Über einen damit verbundenen Link gelangt man dann direkt zur Beschreibung des jeweiligen Gebäudes. Bilder und Beschreibungen finden sich zu 33 Stationen in Lich selbst, da-

Die Wetter im Stadtgebiet von Lich

rüber hinaus gibt es Erläuterungen zu allen Licher Stadtteilen. Dieser Stadtführer lässt sich auch zuhause ansehen, einfach im Internet unter www.geschichtlich.info aufrufen.

Museum in Lich

Prächtige Holzschnitzereien und Inschriften aus dem Jahre 1632 zieren das Textorhaus. Hinter der Fassade verbirgt sich das Licher Heimatmuseum, dessen Ausstellung vorrangig dem 20. Jahrhundert gewidmet ist. Im historischen Kellergewölbe sind technische Geräte sowie archäologische Funde zu sehen, in denen die frühgeschichtliche Besiedlung und die Zeit der Römer abbildet ist. Außerdem gibt es Bilder und Objekte zur Stadtgeschichte Lichs, historische Küchengeräte, Exponate zur Wohnkultur sowie ackerbauliche und handwerkliche Geräte. Geöffnet ist vom 1. März bis zum 31. Oktober, samstags 14:00-16:00 Uhr, sonntags 10.30-12:00 Uhr; Kirchenplatz 4, 35423 Lich, Telefon 06404-806-245.

Durch das Gottesackertal geht es von Lich weiter zum Kloster Arnsburg.

Waldschwimmbad

Erfrischung gefällig? Nördlich von Lich liegt das Waldschwimmbad, ein Naturbad im „Untersten Teich". Von dem insgesamt 3,6 Hektar großen Teich sind 6.000 Quadratmeter als Schwimmbereich ausgewiesen. Abhängig von der Witterung ist das Bad vom 1. Mai bis zum 30. September täglich von 9 bis 20 Uhr geöffnet. Der Kiosk mit Biergarten hat auch an Tagen ohne Badebetrieb geöffnet. Erwachsene zahlen 3 Euro, Kinder und Jugendliche 2,50 Euro Eintritt. www.sek-lich.de

Die asiatische Körbchenmuschel hat mittlerweile auch die Wetter erobert, hier ein oberhalb von Kloster Arnsburg gefundenes Exemplar.

ist wieder an einigen Stellen zu hören und auch zu sehen. Die bewaldeten Flanken des stellenweise weniger als 50 Meter breiten Wiesentals ragen auf der rund 1,5 Kilometer langen Strecke bis zum Kloster Arnsburg steil empor.
Schon knapp 200 Meter nach dem Golfplatz passiert die Wetter den Limes, bis vor 1.800 Jahren begann hier das Römische Reich. Heute ist der Verlauf an vielen Stellen noch gut als Erdwall zu erkennen. Der Limes sicherte die fruchtbare Wetterau in der Form eines umgedrehten „U" und hatte ganz in der Nähe, bei Grüningen, seinen nördlichen Wendepunkt. In weiten Teilen entlang des Limes verläuft der Limesradweg, der sich ein Stück flussabwärts, bis hinter Kloster Arnsburg, des Radfernwegs R6 bedient.

Wasserfrosch an den Mönchsteichen

Mönchsteiche

Westlich des Gottesackertals und der Bundesstraße 488 von Lich nach Butzbach gelegen, ziehen sich drei Teiche von der Straße aus hinein in den Wald. Am unteren Teich befindet sich auch ein Rastplatz mit Schutzhütte. In der Karte ist der obere, kleinste Teich als „Erlenteich" und die beiden anschließenden als „Peterseen" bezeichnet. Sie werden aber auch einfach zusammenfassend Mönchsteiche genannt, da es sich hier um die ehemaligen Fischteiche des Klosters Arnsburg handelt. Gespeist werden sie durch den 4,9 Kilometer langen Petersgraben, der unmittelbar nach Unterquerung der Bundesstraße in die Wetter mündet. Die Teiche sind seit 1971 an den Angelsportverein Wölfersheim verpachtet. Der Verein sorgte auch für eine Instandsetzung der alten Anlage und für einen Neubesatz mit Fischen. Heute bevölkern Hecht, Zander, Barsch, Karpfen, Schleie, Rotauge und Bresen das Gewässer.

Durch das Gottesackertal geht auch die Route des Hessischen Radfernwegs R6, malerisch auf ausgebautem, geschottertem

Die Mönchsteiche sind die ehmaligen Fischteiche des Klosters.

Waldweg. Etwa auf halber Strecke vor den Klostermauern rauscht die Wetter über ein flaches Wehr, ihr Flusslauf wurde davor angestaut, um einen ausreichenden Wasserstand für den abgeleiteten Mühlgraben zu haben. Dieser verläuft von hier parallel zur Wetter, fließt durch das Klostergelände, während die Wetter drum herum muss. Das Wasser des Mühlgrabens trieb die Klostermühle an; südwestlich des Klosters fließt es wieder zurück in die Wetter.

Burg Arnsburg auf dem Hainfeld

Mit dem Kloster Arnsburg ist einer der geschichtsträchtigsten Orte an der Wetter erreicht. Von hier aus startet auch der Kulturhistorische Wanderweg, der das Kloster mit umliegenden archäologischen Funden verbindet, die von der langen Besiedlung dieses Raums zeugen. Wichtig für die Geschichte des Klosters ist vor allem die südwestlich gelegene Burg Arnsburg auf dem Hainfeld. Sie wurde im 9. oder 10. Jahrhundert oberhalb der heutigen Klosteranlage als große Herrenhofanlage errichtet. Hier residierten die Herren von Arnsburg, die in mehreren Etappen eine große Burg mit Vorderburg ausbauten und schließlich um 1165 ihren Sitz nach Münzenberg verlegten. Dort entstand bis 1174 der erste Bauabschnitt der repräsentativen Münzenburg. Die Herren von Arnsburg zogen dauerhaft dorthin und firmierten fortan als „von Münzenberg". In der Folge gab die Familie ihre Stammburg und die umliegenden Ländereien an das Kloster Eberbach ab, die siedelten hier Zisterziensermönche an und gründeten das Kloster Arnsburg. Das Kloster erlebte seine letzte große Blüte Mitte des 18. Jahrhunderts, was an den beeindruckenden barocken Gebäuden, wie dem Pfortenbau, dem Prälatenbau und dem Gartenhaus abzulesen ist.

Die Reste der Burg Arnsburg sind auf dem Hainfeld, oberhalb der Wetter zu sehen.

Schon seit 1818 ist die Klosterkirche eine Ruine.

Das Kloster nach seiner Auflösung

Der Reichsdeputationshauptschluss von 1803 war zugleich das Ende des Klosters Arnsburg. Es wurde aufgelöst, Gebäude und Ländereien gingen an die verschiedenen Linien der Solmser, die Klosteranlage ist bis heute im Besitz der Solms-Laubacher. Schon 1818 war die große Klosterkirche baufällig, das Dach stürzte ein. In den Folgejahren entwickelte sich mit der Ruinenromantik so etwas wie ein Vorläufer des heutigen Tourismus.
Die Klosteranlage vereint sieben architektonische Stile und zählt zu den bedeutendsten Bauschöpfungen der Zisterzienser in Deutschland.
Ihren repräsentativen Zugang hat die Klosteranlage auf der westlichen Seite, mit dem barocken Pfortenbau aus dem 18. Jahrhundert. Aus seiner Nische über dem Durchgang blickt in Stein gehauen der Gründer des Zisterzienserordens, Bernhard von Clairvaux, mit Buch und Krummstab in der Hand.

Im ehemaligen Kreuzgang befindet sich ein Kriegsopfer-Friedhof.

Umschlossen wird das Gelände von einer drei bis fünf Meter – am Berghang gar 8,50 Meter – hohen und insgesamt 1.600 Meter langen Klostermauer. Klostermühle und Brauhaus werden heute gastronomisch genutzt. Im Zentrum die eigentlichen Klostergebäude und die um 1246 geweihte Kirche, in deren Bögen der Übergang von der Romanik zur Gotik abzulesen ist. In den Jahren 1959-1960 wurde im Kreuzgang des Klosters ein Kriegsopfer-Friedhof angelegt. 447 Tote vieler Nationalitäten haben hier die letzte Ruhe gefunden, darunter auch 81 Frauen und 6 Männer, die am 26.3.1945 – kurz vor Einmarsch der Amerikaner – von einem Exekutionskommando der SS in Hirzenhain ermordet wurden. Weitere Informationen zu Kloster Arnsburg im Internet: www.kloster-arnsburg.de

Barocker Pfortenbau aus dem 18. Jahrhundert

Blick in den Kapitelsaal

Die Wetterbrücke führt flussabwärts hinaus aus dem Kloster Arnsburg.

Jenseits der Wetter befindet sich das 1751 errichtete barocke Gartenhaus schon außerhalb der eigentlichen Klosteranlage.

Führungen und Veranstaltungen

Der Freundeskreis Kloster Arnsburg bietet Führungen durch das Kloster an. In den Sommermonaten gibt es öffentliche Führungen an festen Terminen. Darüber hinaus können aber weitere Termine frei vereinbart werden, eine telefonische Absprache ist unter 06404-62198 möglich. Die Kosten dafür belaufen sich auf 2 Euro pro Person plus 25 Euro Pauschale für die Führung. Das Kloster kann aber auch auf eigene Faust erkundet werden, weite Teile sind frei zugänglich, für den Bereich der Klosterruine wird ein Eintritt in Höhe von 2 Euro erhoben. Termine öffentlicher Führungen, Kunst-, Gemälde- und Fotoausstellungen, Konzerte und Vespern oder Taizé-Gottesdienste können der Internetseite www.kloster-arnsburg.de entnommen werden.

Galerie im Kloster

Im Bursenbau des Klosters befindet sich die Galerie des Malers Peter Seharsch, der überregionale Bekanntheit genießt. Seine Bilder entstehen aus der Faszination durch die Farb- und Formenvielfalt der Natur. Die Galerie im Kloster Arnsburg ist geöffnet samstags, sonntags und feiertags von 14 bis 18 Uhr. Im Internet zu finden unter www.galerie-peter-seharsch.de.

Arnsburger Kalkofen

Baumaterialien mussten früher aus der umliegenden Region zusammengetragen, viele davon zunächst in langwierigen Verfahren zur weiteren Verarbeitung vorbereitet werden. So auch der entscheidende Bestandteil aller Mörtel und Verputze, der Kalk. Obwohl lange hier vermutet und gesucht, fanden Archäologen erst 1987 Reste eines Kalkofens unmittelbar vor dem Pfortenbau des Klosters. Durch den Freundeskreis des Klosters Arnsburg wurde das Fundament konserviert, um einige Steinlagen erhöht und durch ein Holzdach geschützt.

Dieser Kalkofen stammt aus der letzten großen Bauphase im Kloster, Anfang des 18. Jahrhunderts. Damals lieferte er den Mörtel zu den barocken Gebäuden, wie Abtei, Prälatenbau, Küchenbau, Gartenhaus und Pfortenbau.

Der verarbeitete Kalkstein stammte aus Ebersgöns. Dieser

musste zunächst kleingeschlagen und dann wechselweise in Schichten mit Holz in den Ofen eingebracht werden. Ein ziemlich energieaufwändiges Verfahren, bei dem pro Wagenladung Kalkstein zehn Raummeter Holz aus dem umliegenden Wald erforderlich waren. Der so gebrannte Kalk wurde herausgenommen und noch einige Jahre trocken gelagert, dann fand er Verwendung für Feinputz, Stuckdecken, Außenputz und für das Mauern.

Wildpark Kloster Arnsburg

Neben einem gastronomischen Betrieb befindet sich quasi vor den Toren des Klosters der Wildpark Klosterwald (an der Bundesstraße 488 am Abzweig Richtung Kloster Arnsburg und Muschenheim). Auf 40.000 Quadratmetern gibt es hier zahlreiche Tierarten zu sehen, darunter Damm-, Sika- und Muffelwild, Lamas, Ziegen, Vierhornschafe, Emus und Eulen. Geöffnet ist montags bis sonntags von 10 bis 18 Uhr. Auf dem Gelände befinden sich auch Kinderspielgeräte und ein Grillplatz.

Mit ein paar Bögen - die am Gehölzsaum zu erkennen sind - verabschiedet sich die Wetter von Kloster Arnsburg.

Über die alte dreibogige Wetterbrücke geht es hinein nach Muschenheim.

Muschenheim

Sie wendet sich über die Berger Mühle nach Muschenheim und Trais-Münzenberg, wo die alte Römerstraße hinaus zieht, und will nach dem Städtlein Münzenberg mit seinem alten stolzen Schlosse. Da ihr aber der Weg hinauf zu sauer wird, bleibt sie lieber im Thale, das über Mühlen hin nach Griedel zieht.

Nach Kloster Arnsburg versteckt sich die Wetter immer wieder so in ihrem Saum aus Erlen, Weiden und Pappeln, so dass sie kaum zu sehen ist. Oft verrät nur der wellige Randstreifen, der stellenweise durch Staudenbewuchs abgeschlossen ist, den Flusslauf. Auf ihrem Weg nach Muschenheim kommt die Wetter noch an der Bergermühle vorbei und nimmt den von Westen kommenden, 5,4 Kilometer langen Welsbach mit.

Wegweiser auf dem Kulturhistorischen Weg rund um Muschenheim

An der Einfahrt zur Mühle, direkt an der Landesstraße 3131 befindet sich eine Infotafel zum Kulturhistorischen Wanderweg Muschenheim. Aus einem Prospekthalter kann ein Faltblatt zu dem Weg mit weiteren Informationen und einer Übersichtskarte entnommen werden. Von hier aus, oder drei weiteren – an dem Wanderweg gelegenen – Parkplätzen ist ein Einstieg möglich. Es werden vier verschiedene Routen mit einer Länge von 4,1 bis 10,2 Kilometer angeboten. Auf dem Kulturhistorischen

Die Geschichte des südlich von Muschenheim gelegenen Megalithgrabs wird vor Ort auf drei Schautafeln erläutert.

Wanderweg liegen nach dem Kloster Arnsburg ein Limesturm, Hügelgräber, ein Megalithgrab, das römische Kastell Arnsburg-Alteburg und die Burgwüstung Arnsburg.

Ein Heiliger Stein

Südlich von Muschenheim, vor dem Wetterbergskopf – mit 199,3 Metern die höchste Erhebung in der Gemarkung – befindet sich ein Megalithgrab aus der Jungsteinzeit. Die Grabanlage wurde bereits 3.000 vor Christus errichtet und ist damit das mit Abstand älteste Zeugnis menschlicher Besiedlung am Kulturhistorischen Wanderweg. Die dafür verwendeten, riesigen Steine stammen aus einem Waldstück nahe des Traiser Steinbergs. Kaum zu glauben, dass diese tonnenschwere Last ohne moderne Hilfsmittel über gut fünf Kilometer hier her transportiert werden konnte.

Vor dem Kammereingang des Grabs aus der Jungsteinzeit steht ein vier Meter hoher Menhir.

Das Megalithgrab wird auch als „Heiliger Stein" bezeichnet. Erst Ende des 19. Jahrhunderts wurde es als ungeordneter Steinhaufen aufgefunden, der zum Teil mit Erde bedeckt war. Nach mehreren Rekonstruktionsversuchen erhielt die Anlage ihr heutiges Aussehen im Sommer 2003.
Bei den neueren Grabungen konnte auch ein vier Meter hoher Menhir aufgefunden werden, der einst in Ostrichtung vor dem Kammereingang stand. Der Grundriss der Grabkammer weist auf eine Verbindung zu westalpinen Kulturen hin, wodurch ältere Annahmen in Frage gestellt werden. Zuvor war man nämlich davon ausgegangen, dies sei die südlichste Verbreitung der nordischen Megalithkultur, tatsächlich scheint es sich aber um den nördlichsten Verbreitungspunkt der Burgundisch-Savoyardischen Megalith-Zone zu handeln.

Ein römisches Kastell

Nordwestlich von Muschenheim befinden sich auf einem exponierten Geländesporn, 15 Meter oberhalb der Einmündung des Welsbaches in die Wetter, die Reste eines römischen Kastells. Es handelt sich dabei um das nördlichste Kohortenkastell am Wetteraulimes. Vor Ort ist nur wenig von dem einst 2,9 Hektar großen Steinkastell Arnsburg-Alteburg zu sehen. Nur die Grundmauern des nordwestlichen Eckturms und des Nordtors sind freigelegt, auf deren Originalsubstanz wurden nachträglich einige Steinlagen aufgemauert, um den Grundriss im Gelände sichtbar zu machen. Auf sechs Limesinformationstafeln wird der historische Ort erläutert.

Die Mannschaften der Kastelle hatten die Aufgabe, den in 1,5 Kilometer Entfernung verlaufenden Limes zu sichern. Dieser war von der Anhöhe aus gut einsehbar, außerdem standen die Kastelle über Licht- und Rauchzeichen im Kontakt mit den Wachtürmen entlang des Limes. Die hier stationierten Kohorten waren zum Teil beritten, konnten also im Ernstfall schnell eingreifen. In der Regel bestand eine Kohorte aus 480 Mann, was die militärische Bedeutung dieses Standorts im Vergleich zu umliegenden Kleinkastellen unterstreicht.

Fast 1.000 Jahre nach der Aufgabe des Kastells unternahmen Benediktinermönche den Versuch, auf der Fläche ein Kloster zu errichten. Dazu bedienten sie sich der Steine des Kastells. Nach nur 22 Jahren musste der Standort aber wieder aufgegeben werden, anschließend kamen die Zisterzienser ins benachbarte Arnsburg.

An Muschenheim fließt die Wetter westlich vorbei, die Straße in den Ort führt über eine alte Basaltsteinbrücke, deren drei Bögen kunstvoll aus rotem Sandstein gemauert sind. Offensichtlich dem modernen Straßenverkehr und den breiteren Fahrzeugen geschuldet ist der Brücke eine deutlich breitere Betonplatte aufgesetzt.

Im Ortskern von Muschenheim erreicht auch der aus dem Quellbereich oberhalb von Laubach kommende Wetterweg seinen südwestlichen Wendepunkt und führt zurück nach Lich.

Blick auf Muschenheim mit Mühle (links) und Kirchturm

Evangelische Kirche Muschenheim

Eingebunden in den ummauerten Friedhof am östlichen Ortsrand steht die stolze, weiß verputzte evangelische Kirche von Muschenheim. In spätromanischem Stil wurde sie im 13. Jahrhundert erbaut. Nach An- und Umbaumaßnahmen präsentiert sie sich als zweischiffige, basilikale Kirche mit einem auffallend asymmetrischen Schleppdach über dem nördlichen Seitenschiff. Die als Kulturdenkmal ausgewiesene Kirche ist nach Osten ausgerichtet. Der Kirchturm trägt seit 1750 eine barocke Turmhaube. In ihm befinden sich drei Bronzeglocken, die älteste davon wurde bereits um 1300 gegossen.
Bis 1803 stand die Kirche unter dem Patronat des Klosters Arnsburg, nach der Säkularisation wurde dieses bis 1959 vom Hause Solms-Braunfels übernommen. 1582 erfolgte nach der Reformation der Wechsel zum protestantischen Bekenntnis.

Längst versunken: Die Wasserburg

Im Mittelalter hatte Muschenheim eine Wasserburg, von einem Graben umgeben, der von der Wetter gespeist wurde. Davon ist nichts mehr zu sehen, der Graben ist eingeebnet, die Burg abgetragen und das Burggelände zu einem großen Teil mit modernen Gebäuden bebaut. Geblieben ist nur ein Gewölbekeller in der heutigen Hessengasse. Der befindet sich auf Privatgrund und ist daher nicht frei zugänglich, aber von außen an einem bewachsenen Hügel zu erkennen. Etwa die Hälfte der Raumhöhe liegt unterirdisch, der rechteckige Gewölbekeller hat eine Größe von sechs mal zehn Metern und ist mit Natursteinen ausgemauert. Als ausgewiesenes Kulturdenkmal ist er als „Burgstall Muschenheim" oder auch als „Burg im Wiesengrund an der Wetter" verzeichnet. Vermutlich von den Dienstmännern derer von Muschenheim erbaut, gehörte die Burg im 14. Jahrhundert einer Linie derer von Bellersheim.

Neumühle

Knapp 300 Meter südlich des Ortsausgangs von Muschenheim liegt die Neumühle, direkt an der Landesstraße 3131. Das Grundstück erstreckt sind ein ganzes Stück zwischen Straße und Wetter. Schon von außen fallen die aufwändig gestalteten Grünflächen auf, die dem Anwesen in Verbindung mit den sanierten Mühlengebäuden den Charakter eines herrschaftlichen Gutes verleihen. Tatsächlich wurde mit viel Liebe zum Detail saniert und umgebaut, das mehrstöckige Mühlengebäude ist zu einem repräsentativen Wohnhaus umgebaut. Bislang ausschließlich privat genutzt, sind die Räume bei Veranstaltungen oder den hier angebotenen Kochkursen auch einem breiteren Publikum zugänglich. Auch für private Feiern, wie etwa Hochzeiten, können die Räume gemietet werden. Dazu gibt es wenige, aber exklusive Übernachtungsmöglichkeiten in Suiten in der Mühle.
Die Eigentümer der Neumühle betreiben das Restaurant „Zum Heiligen Stein" in Muschenheim. Dort setzen sie auf selbst erzeugte Produkte. Die kommen von der eigenen Schafherde oder dem artgerecht im Hühnermobil gehaltenen Federvieh. Ein großer Kräutergarten sorgt für passende Geschmacksnoten.

Ein Blick zurück auf Muschenheim und weiter geht es flussabwärts.

Der jüdische Friedhof bei Muschenheim

Die Pegelmessstelle an der Wetter unterhalb von Muschenheim

Pegelmessstelle bei Muschenheim

Unterhalb der Neumühle biegt die Wetter nach Westen ab, unterquert die Landesstraße. Nur weniger Meter nach der Straßenbrücke fällt auf der Oberkante der Böschung ein hölzernes Gartenhaus auf, das durch ein Drahtseil mit einer Winde am anderen Ufer verbunden ist. Dort befindet sich eine der drei Pegelmessstellen der Hessischen Landesanstalt für Umwelt und Geologie. Eine weitere steht flussaufwärts bei Münster und eine dritte flussabwärts, drei Kilometer vor der Mündung oberhalb von Bruchenbrücken.

Mit diesen Messstellen werden fortlaufend der Pegel (also die Wassertiefe) und die Abflussmenge gemessen, um beispielsweise bei größeren Niederschlagsereignissen rechtzeitig in den unterliegenden Orten Hochwasserschutzmaßnahmen ergreifen zu können. Das bislang höchste Hochwasser wurde am 12.08.1981 mit 227 Zentimetern und einer Abflussmenge von 12,5 Kubikmeter pro Sekunde gemessen. Der mittlere Abfluss – also der Jahresdurchschnitt, gemittelt aus 39 Jahren – be-

In weiten Bögen fließt die Wetter auf Trais-Münzenberg zu.

trägt gerade einmal ein Zwölftel, also 1,01 Kubikmeter pro Sekunde. Die niedrigste Abflussmenge wurde am 11.07.1976 mit 0,09 Kubikmetern pro Sekunde gemessen.
Dreißig Flusskilometer später, bei Bruchenbrücken waren es am 12.08.1981 sogar 343 Zentimeter und 63,2 Kubikmeter pro Sekunde. Daran ist deutlich die Zunahme der Wassermenge im Verlauf des Flusses abzulesen. Vor Bruchenbrücken kommen nämlich noch die Usa und einige weitere kleinere Bäche dazu.
Vor Trais-Münzenberg schwingt die Wetter in großen Bögen, macht S-Kurven, droht die Straße mitzunehmen und dreht dann wieder ab, bis an den nordwestlichen Talrand.
Zwischen der Neumühle bei Muschenheim und dem nördlichen Ortsrand von Trais-Münzenberg sind an den Weiden insbesondere in den Wintermonaten deutliche Nagespuren zu sehen: Ein sicheres Zeichen dafür, dass dieser Abschnitt auch dem Biber besonders gut gefällt. Der hat schon eine Röhre in die Uferböschung gegraben. Deren Eingang ist nur bei sehr niedrigem Wasserstand zu sehen, da Biber stets unter Wasser tauchend in ihre Baue gelangen wollen.

Die Wettermühle am Ortseingang von Trais-Münzenberg

Trais-Münzenberg

Trais-Münzenberg schmiegt sich eng an das südöstliche Ufer der Wetter. Direkt vor der Wettermühle staut ein Wehr den Lauf, teilt den Mühlgraben ab, der zusammen mit der Wetter eine Insel umschließt, auf der früher zwei Mühlen betrieben wurden. Die Anlage ist heute als Kulturdenkmal ausgewiesen. Historisch besonders wertvoll ist das Fachwerk-Torhaus mit der Bruchsteinbrücke, die auf die Mühlinsel führt. Die Balken über der Hofeinfahrt datieren auf das Jahr 1767, es diente allein Wohnzwecken. Rechts daneben schließt sich zunächst ein Fachwerkbau aus dem 18. Jahrhundert und dann ein Bau aus Rohziegeln aus dem 19. Jahrhundert an. In diesen Gebäuden wurden die Mühlen betrieben. In dem neueren Gebäude ist sogar noch das Mühlrad erhalten, die Mahlwerke sind aber längst abgebaut.

Der Mühlgraben umschließt mit der Wetter die Mühlinsel.

Die Wettermühle ist die Jüngste der Traiser Mühlen und die Einzige noch erhaltene. Schon um das Jahr 800 werden hier erste Mühlen in alten Urkunden erwähnt. Die Kettermühle musste 1977 dem Bau der Autobahn weichen und auch die Mühle „Im Hopfengarten", die zwischen Kettermühle und der Münzenberger Junkersmühle lag, steht heute nicht mehr.

Die Römerstraße und eine alte Brücke

Die Wetter fließt langsam entlang des Ortsrandes, erreicht die Römerstraße, die schnurgerade vom Limeskastell Alteburg bei Muschenheim her kommt und durch den gesamten Ort bis hin zum Friedberger Burgberg führt, auf dem ebenfalls ein römisches Kastell stand. Hier muss sie unter einer zweibogigen Bruchsteinbrücke aus dem 17. oder 18. Jahrhundert hindurch. Diese ist gemeinsam mit vielen anderen Brückenbauten aus der Zeit Zeugnis des Verkehrswegebaus in der Wetterau.

Die Wetter unter der Römerstraßen-Brücke in Trais

Auffällig sind die vielen Baumwurzeln, die vor der Brücke in den Fluss reichen. Alte Erlen strecken diese wie lange Finger aus, bilden ein dichtes Geflecht unter dem sich zahlreiche kleine Höhlen bilden, die wiederum ideale Rückzugsorte für Krebse und kleine Fische bieten. Gleichzeitig sind die Bäume mit ihren Wurzeln Uferbefestigung.
Von der Brücke flussabwärts ist ein dichtes Feld aus Schwimmblättern der Gelben Teichrose zu sehen. Schon Ende Juni oder Anfang Juli wachsen die Blätter sogar aus dem Wasser heraus, auf Stängeln stehen daneben die runden, gelben Blüten der Pflanze. Ein Zeichen dafür, dass das Wasser nährstoffreich ist und dieser Standort mehr Sonnenlicht abbekommt, das durch eine Lücke im Gehölzsaum fällt. Auf den Rändern der aus dem Wasser ragenden Blätter der Teichrose ruht sich gerne die Gebänderte Prachtlibelle aus, deren Familie die größten Arten unter den Kleinlibellen stellt. Metallisch blau schillert ihr Körper, die durchscheinenden Flügel besitzen jeweils einen großen, dunkelblauen Fleck. Auch den Biber zieht es hier her:

Baumwurzeln wachsen in den Fluss, bilden dort Hohlräume für Tiere.

Dort wo mehr Licht auf der Wasseroberfläche ankommt, verbreitet sich die Gelbe Teichrose sehr stark.

Die Wetter fließt entlang des Ortsrandes von Trais.

Der nagt nämlich nur im Winter an Bäumen, wenn es sonst nichts zum Fressen gibt. In den Sommermonaten verspeist der bis zu 35 Kilogramm schwere Vegetarier bis zu 200 verschiedene Kräuter. Besonders schmackhaft sind die dicken Wurzeln der Teichrose.
Anschließend holt die Wetter zu einem großen Bogen aus, knickt nach Süden ab, erreicht die Wetterstraße, die sie ein kurzes Stück begleitet, um dann wieder zurück zu schwenken. Dann geht es in einem weiten Bogen weiter zur Autobahn 45.

Das Trais mit den schönen Hoftoren

Bevor es weiter geht nach Münzenberg, lohnt noch ein kleiner Rundgang durch Trais-Münzenberg, das der besseren Unterscheidbarkeit wegen auch den Doppelnamen führt. Im benachbarten Horlofftal gibt es nämlich ein zweites „Trais".
Auffällig sind viele zum Teil farbenprächtige Fachwerkbauten. Alte Höfe, die zur Straße hin durch ihre hölzernen Tore

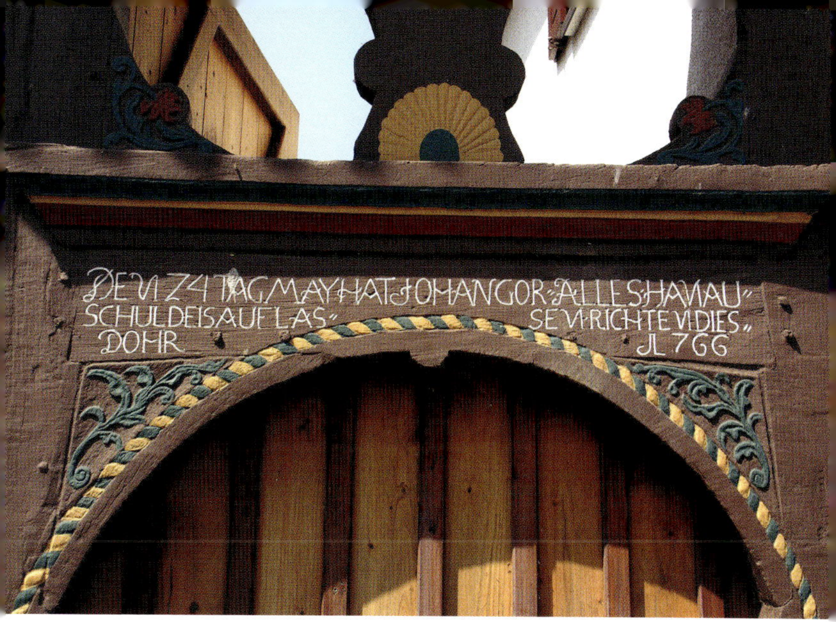

In Trais gibt es viele schöne Hoftore zu bewundern.

aus dem 18. und 19. Jahrhundert abgeschlossen sind. Diese Hoftore besitzen die typische Einteilung in gesonderte Torfahrt und Pforte. Über der Pforte befindet sich jeweils ein individuell geschmücktes Gefach. Zu sehen sind diese Tore vorwiegend in der Mühlgasse sowie in der Römer- und Wetterstraße. Über einem dieser Tore ist die Inschrift „Den 24 Tag May hat Johangor Alles Hanau Schuldeis auflassen richten dies Dohr 1766" zu lesen, womit die Frage nach Erbauer und Datum geklärt wäre.

Evangelische Kirche Trais

Beinahe ein Déjà-vu-Erlebnis ereilt den Betrachter der evangelischen Kirche von Trais: Sie ähnelt in ihrer heutigen äußeren Erscheinungsform sehr der Kirche von Muschenheim und zwar in der Dachform, in ihrer Ausrichtung nach Osten, der runden Fensteröffnung auf der Westseite und ihrem Standort inmitten des Friedhofs. Erst bei einer zweiten Betrachtung fallen die unterschiedliche Platzierung des Turms und die verschiedenen

Gesteinsarten auf, aus denen die Tür- und Fensterwandungen gearbeitet sind. In Muschenheim wurde der graue „Lungstein", ein leicht zu verarbeitendes Vulkangestein aus dem Vogelsberg verarbeitet. Hier in Trais kam roter Sandstein zum Einsatz.
Die Traiser Kirche steht auf einem Reihengräberfriedhof aus fränkisch-merowingischer Zeit. Um 1100 wurde mit dem Bau begonnen, spätestens im frühen 13. Jahrhundert war er weitgehend abgeschlossen. Im Jahr 1889 fand ein grundlegender Umbau statt, bei dem das Aussehen der Kirche weitgehend verändert wurde, so erhielt sie unter anderem ihr nach Norden herabgezogenes Schleppdach. Ihre geschichtliche Bedeutung wird dadurch unterstrichen, dass sie Mutterkirche mehrerer umliegender Gemeinden war.

Ein Stein mit Umgangsformen

Knapp 150 Meter nach dem Ortsausgang von Trais in Richtung Münzenberg steht direkt an der Kreisstraße 166, kurz vor der Überquerung der Autobahn, ein gut drei Meter hoher Stein. Dabei handelt es sich um den legendären „Kräppelstein". Mit ihm verbunden sind eine Reihe von Mythen und Erzählungen. Schenkt man denen Glauben, dann dreht sich der Stein pünktlich um Mitternacht um die eigene Achse. Auch seine Umgangsformen sollen besonders vorbildlich sein. Wer vor ihm den Hut ziehe, vor dem verneige er sich – ganz langsam und mit einem lang anhaltenden Knirschen. Wahrscheinlicher ist da schon eine andere Geschichte, derzufolge der Kräppelstein in einer lausigen Nacht vom Münzenberger Steinberg an seinen heutigen Platz gewandert sei. Daran wahr ist zumindest, dass er aus demselben Konglomerat aus Taunusgeröll und Quarzsand besteht, wie es auf dem Steinberg vorkommt.
Offen ist die Frage, ob es sich tatsächlich um einen steinzeitlichen Kultstein, also einen Menhir oder „Hinkelstein" gehandelt hat, oder ob der große Steinbrocken auf anderem Weg hier her gelangt ist. Sicher ist, dass er erst in jüngerer Zeit in die aufrechte Haltung gebracht wurde, was aber nicht grundsätzlich eine mögliche kultische Vergangenheit in Frage stellt.

Der Kräppelstein zwischen Trais und Autobahn

Dort, wo sich heute der Steinberg befindet, war einst eine Küstenlandschaft.

Der Traiser Steinberg

Einen knappen Kilometer südwestlich von Trais, zwischen der Autobahn 45 und der Ortslage Münzenberg gelegen, befindet sich der Traiser Steinberg. Hier wachsen zahlreiche Kirschbäume und Kiefern, es gibt aufgelassene Steinbrüche und große Felsen eines ungewöhnlichen Gesteins.

In den Steinbrüchen steht ein rotbrauner bis rosa geflammter Sandstein an. Seine Besonderheit sind die in den Steinen eingeschlossenen fossilen Blattabdrücke von Magnolien, Eichen, Ulmen, Pappeln und sogar Fächerpalmen. Dieses Vorkommen hat dem Gestein auch den Namen „Münzenberger Blättersandstein" eingebracht. An vielen Stellen gibt es diese Abdrücke auch heute noch im historischen Mauerwerk von Münzenberg zu entdecken.

Im oberen Bereich des Steinbergs fallen die fest verbackenen Konglomerate aus gerundetem Kieselgeröll auf. Sie sind vor erdgeschichtlich langer Zeit entstanden, als sich hier eine Küste in stark bewegtem Wasser herausbildete. Dabei wurden Quarz und Quarzit aus dem Taunus mit Geröllen vermengt und durch einen Eisen-Mangan-Zement zu harten Konglomeraten verba-

Die Landschaftspflege auf dem Steinberg übernehmen die Heidschnucken.

cken. Die feinkörnigeren Abschnitte dieses Sedimentgesteins wurden zu Mühlsteinen verarbeitet. Viele Jahre fanden sich Rohlinge davon auf dem Steinberg. In den 1950er Jahren konnten noch 14 Stück gezählt werden, mittlerweile haben viele offensichtlich – wie schon der Kräppelstein – Beine bekommen und sind abgewandert.
Die Mühlsteine hatten einen Durchmesser von 1,20 bis 1,40 Meter, bearbeitete Oberflächen, waren kreisrund, mit einem Loch in der Mitte und 20 Zentimeter breit.
Heute hat der Traiser Steinberg eine besondere Bedeutung für den Naturschutz. Hier findet sich eine der ganz wenigen Heidelandschaften, die es noch in der Wetterau gibt. Um diese zu erhalten, haben Naturschützer bereits aufkommende Verbuschung und Bewaldung beseitigt, um wieder offene Flächen zu schaffen. Diese werden ebenfalls im Sinne des Naturschutzes mit Schafen beweidet, die einem Absterben der Heidevegetation entgegen arbeiten und auch die artenreichen Magerrasen des Gebiets pflegen. Dort finden seltene Tiere und Pflanzen wie Orchideen und Enzianarten, die Küchenschelle sowie die Zauneidechse und die Schlingnatter einen Lebensraum.

Die Münzenburg befindet sich auf einem Vulkanschlot oberhalb der Stadt Münzenberg.

Münzenberg

Die Wetter fließt weiter, unter der Autobahn 45 hindurch, lässt Münzenberg südlich liegen und knickt dann in hohem Bogen nach Norden ab. Münzenberg selbst blickt auf die Aue der Wetter herab. Die Burg befindet sich auf einem ehemaligen Vulkanschlot des Vogelsbergvulkanismus. Eine typische Pflanzenart dort scheint schon in früheren Zeiten die Minze gewesen zu sein. Jedenfalls verdankt der Ort ihr seinen Namen, lange Zeit ist von „Minzenberch" die Rede und auch Matthäus Merian, der Anfang des 17. Jahrhunderts einen Kupferstich von Burg und Stadt anfertigte, überschreibt sein Abbild mit „Mintzberg". Erst im Laufe der Zeit wurde daraus der heutige Name Münzenberg. Im Wappen der Stadt sind auch heute noch die drei entscheidenden Dinge zu sehen: Der Berg, die beiden Türme und in der Mitte die Minze.

Burg Münzenberg

Reisende auf der Autobahn 45 sehen sie schon von weitem. Wer von Norden kommt, weiß beim Blick auf das „Tintenfass", wie die Burg auch genannt wird, dass er jetzt in der Wetterau ist. Auch bei der Reise entlang der Wetter hat sich die Burg schon lange angekündigt, war von einigen Anhöhen aus bereits zu sehen, etwa vom Megalithgrab bei Muschenheim.

Die Erbauer der Münzenburg hatten ihren Sitz auf der Arnsburg, von der heute nur noch die Grundmauern zu sehen sind. Konrad von Hagen und Arnsburg und sein Sohn Kuno ließen die Münzenburg erbauen, wechselten nach Fertigstellung ihren Wohnsitz dorthin und passten als „von Münzenberg" auch ihren Namen entsprechend an. Sie waren Dienstmänner von Kaiser Barbarossa, als Reichskämmerer enge Vertraute des Staufers. Damals galt es, das Königsland in der Wetterau für die Staufer mit einer großen Burg zu sichern. Dem Anspruch genügte die kleine, abgelegene Arnsburg nicht mehr. So musste zunächst das Areal von Kloster Fulda erworben werden, auf dem bis um

Innenhof der Burg Münzenberg

Blick vom Burgturm: Im Hintergrund ist die Wetter an ihrem grünen Band zu erkennen, davor liegt eine breite Aue mit den Salzwiesen.

1174 der Kern der repräsentativen Höhenburg entstand. Aus der ersten Bauphase stammen der romanische Palas und Teile der inneren Ringmauer mit den typischen Buckelquadern. Diese dicken, gelblichen Sandsteine heben sich auch heute noch ab von den später hinzugekommenen Aufmauerungen und Ergänzungsbauten, die aus Basaltsteinen errichtet wurden. Die Sandsteine stammen aus Steinbrüchen im rund vier Kilometer entfernt gelegenen Rockenberg.

Schon 1255 starb mit seinem Enkel Ulrich II. die von Kuno I. gegründete Linie der Herren von Münzenberg aus. Die Burg fiel an die Herren von Falkenstein und von Hanau, die weitere Ausbauten vornehmen ließen. So entstand auch der zweite, westliche Burgturm. Ende des 13. Jahrhunderts war die Burg verlassen. Erst als nach mehr als 100 Jahren die Herren von Solms die Burg erbten, füllte sie sich wieder mit Leben, weitere Umbauten wurden veranlasst. Schwer beschädigt wird die Münzenburg schließlich im Dreißigjährigen Krieg, der sei-

ne Spuren hinterließ. Spanische Habsburger zogen ein, Wallenstein beschoss die Burg und am Ende des Kriegs blieb sie schließlich als Ruine stehen. Erst Mitte des 19. Jahrhunderts werden einzelne Burgteile restauriert und eine gusseiserne Treppe in den Ostturm eingebaut. Seit 1935 ist die Burg in Besitz des Landes Hessen. Sie gilt auch heute noch als eine der größten Burganlagen Deutschlands, ihr wird unter den Burgen des Hochmittelalters neben der Wartburg die höchste Bedeutung zugeschrieben.
Der ältere Ostturm ist auch heute noch begehbar. Nach einem Aufstieg über 144 Stufen bietet die Aussichtsplattform auf den Burgturm einen herrlichen Rundumblick. In nordwestlicher Richtung sind das verdrehte Dach des Kirchturms und im Hintergrund Flusslauf und Aue der Wetter zu sehen. Die Wetter zeichnet sich von oben deutlich durch ihr geschlängeltes Gehölzband in der weithin offenen Landschaft ab.
Eine Schlossbesichtigung ist während der Öffnungszeiten möglich: März, dienstags bis sonntags, 10 – 16 Uhr; April und Oktober, dienstags bis samstags, 10 – 16 Uhr, sonntags, 10 – 17 Uhr; Mai bis September, dienstags bis sonntags, 10 – 19 Uhr; November nur samstags und sonntags 11 – 16 Uhr; Winterpause von Dezember bis Februar. Eintritt 3,50 Euro Erwachsene, 1,50 Euro für Schüler, 8,00 Euro für Familien.

Museumspädagogische Sonderveranstaltungen sind auf Voranmeldung für Gruppen buchbar: Erlebnisführung für Kinder „Kuno, wo sind Deine Münzen?", Schauspielführung im historischen Gewand oder Mittelalterliche Burgenspiele, zu buchen unter 06172-9262106 oder museumspaedagogik@schloesser.hessen.de

Altstadt Münzenberg

Die Altstadt von Münzenberg, am Fuße der Burganlage, ist geprägt von geschichtsträchtigen Gebäuden, viele sind als Kulturdenkmal ausgewiesen. Da ist beispielsweise die katholische St. Nikolaus-Kapelle, vor 1284 errichtet und als Hospitalkirche genutzt, in der Gottesdienste stattfanden, aber auch Arme und Kranke gepflegt wurden. Mittellose Reisende und Pilger fanden darin eine Herberge. Wie für mittelalterliche Einrichtungen dieser Art üblich, befand sich das Hospital vor dem älteren Stadttor.
Markant ist das alte Rathaus am Marktplatz aus dem Jahr 1551: Der Massivbau trägt nur im Obergeschoss an der Längsseite Fachwerk, aus dem ein von vier Bürgen getragener Erker ragt. Sehenswert auch der älteste noch erhaltene Ziehbrunnen der Stadt im Steinweg mit einer Inschrift, die das Jahr 1776 ausweist, sowie das gotische Fachwerkhaus mit den Treppengiebeln, ebenfalls im Steinweg.

Evangelische Kirche Münzenberg

Die evangelische Pfarrkirche mit ihrer auffallend spitzen, verdrehten Turmspitze, stammt in den ältesten Teilen aus dem 12. Jahrhundert. Im Turm hängt ein Vierergeläut, die älteste Glocke datiert auf das Jahr 1783. Sie hat ein asymmetrisch, abgeschlepptes Satteldach auf der Südseite und ist umgeben von der alten Bruchsteinmauer des ehemaligen Friedhofs. Zwei Umbauphasen verliehen ihr letztlich ihr heutiges Gesicht: Im 13. Jahrhundert war die Kirche für die aufstrebende Stadt Münzenberg zu klein geworden. Bislang stand sie unter dem Patronat ihrer Mutterkirche in Trais, von der sie sich nun löste. Anschließend begann die Erweiterung. Dabei wurden der mo-

Blick auf die Münzenberger Altstadt mit monumentalem Kirchturm

numentale Kirchturm und das südliche Seitenschiff angebaut. Weitere Umbauten erfolgten in der Barockzeit.
Nach der Reformation stand die Predigt im Mittelpunkt des Gottesdienstes. Damit dieser mehr Menschen zuhören konnten, wurden die beiden Emporen eingebaut.
Besonderheiten in der Kirche stellen das Taufbecken aus dem 13. Jahrhundert, ein gotisches Kruzifix von 1431 mit Echthaar, die spätbarocke Kanzel, das Kellergestühl und zwei Tafelgemälde aus der Reformationszeit dar.

Ehemalige Synagoge

In der Mitte des Münzenberger Stadtkerns steht die ehemalige Synagoge, ein zweigeschossiges Gebäude mit Satteldach, das im Jahr 1848 fertiggestellt wurde. Bis 1938 diente sie ihrer eigentlichen Bestimmung, dann wurde ihre Inneneinrichtung von der nationalsozialistischen Bevölkerung zerstört. Nach 1945 ging das Gebäude in den Besitz der Stadt Münzenberg über, die es zu einem Feuerwehrgerätehaus umbaute. Eine Gedenktafel weist seit 1985 auf das Schicksal der Juden in Münzenberg hin. 2005 fassten die städtischen Gremien dann den Beschluss, das Gebäude zu sanieren und in seinem Äußeren weitestgehend wieder in den ursprünglichen Zustand zu versetzen. Aktuell wird das Haus für kulturelle Zwecke genutzt. Unter dem Namen „Kulturhaus Alte Synagoge" finden hier Kleinkunstveranstaltungen, Lesungen und Vorträge statt. Die Termine können dem Veranstaltungskalender der Stadt Münzenberg, www.muenzenberg.de und des Freundeskreises Burg und Stadt Münzenberg, www.freundeskreis-muenzenberg.de entnommen werden.

Korbruhen und Galgen

Einst dienten sie den Bauern als Stütze für ihre Körbe. Schwer beladen kamen sie mit den Früchten heim auf den Hof. Der Weg dazwischen konnte manchmal weit sein, die Last wurde immer schwerer. Um eine kurze Rast zu ermöglichen, ohne den Korb auf dem Boden absetzen zu müssen, wurden Korbruhen an markanten Wegegabelungen angelegt. Drei ihrer Art sind noch erhalten. Auch wenn sie nicht so alt sind, wirken sie insbesondere im Dämmerlicht mit ihren sandsteinernen Bänken wie Monumente aus der Steinzeit. Zu sehen sind sie westlich von Münzenberg an der Landesstraße 3135 nach Rockenberg, südöstlich des Burgbergs an der Landesstraße 3136 nach Wohnbach und südwestlich von Burg und Hattsteiner Hof, mitten im Feld an einer Wegekreuzung unter einem großen Walnussbaum.

Über den südlich der Stadt Richtung Westen verlaufenden Galgenweg ist eine Gerichtsstätte zu erreichen, wie sie in dieser Form im alten Landkreis Friedberg nur noch hier zu sehen ist: Der Münzenberger Galgen, der aus zwei sechseckigen Säulen besteht, die auf Bruchsteinsockeln lagern und einen Querbalken tragen. Wer hier gerichtet werden sollte, musste von den Herren von Münzenberg verurteilt worden sein, denen es vorbehalten war, die Todesstrafe zu verhängen. Sie hatten die Hohe Gerichtsbarkeit, auch „Blutgericht" oder „Gerichtsbarkeit über Hals und Hand" inne. Die letzte Hinrichtung an die-

Eine von drei erhaltenen Korbruhen in der Gemarkung Münzenberg

Eine Korbruhe an der Einmündung zur Landstraße nach Wohnbach

Über den Galgenweg südlich von Münzenberg zu erreichen: Der Galgen

sem Galgen fand am 22. Mai 1742 statt. Weil diesen Job aufgrund des geringen gesellschaftlichen Ansehens niemand aus Münzenberg erledigen wollte, musste der Scharfrichter stets in anderen Ortschaften rekrutiert werden.
Bei Vergehen, die nicht mit dem Tode bestraft wurden, kam das Halseisen zum Einsatz. Es befindet sich immer noch an der Außenfassade des Rathauses. Die Delinquenten waren so fixiert dem Spott und den Ausschreitungen der Bevölkerung ausgesetzt.

Burg- und Stadtführungen

Der Verein Freundeskreis Burg und Stadt Münzenberg bietet Führungen durch die historische Altstadt von Münzenberg und die Burg an, auch Kinderführungen und historische Erlebnisführungen stehen auf dem Programm. Termine und Schwerpunkte können individuell abgestimmt werden und sind auch außerhalb der eigentlichen Burgöffnungszeiten möglich. Te-

Eingangsbereich zum Geologischen Garten

lefonische Absprachen sind mit dem Verein unter 06004-1390 möglich. Weitere Informationen gibt es im Internet: www.freundeskreis-muenzenberg.de

Geologischer Garten Münzenberg

Westlich von Münzenberg, etwa 400 Meter vom Ortsrand entfernt und über die Straße „Am Viehtrieb" zu erreichen, liegt der Geologische Garten. Hierbei handelt es sich um eine einzigartige Freiluft-Gesteinssammlung mit teils monumentalen Ausstellungsstücken. Privat und ehrenamtlich getragen liegt der Schwerpunkt auf der Darstellung des Werdens und Vergehens von Gesteinen sowie des Wandels der Erdoberfläche und ihrer Lebenswelt. Die Exponate wurden im Straßenbau, Tiefbau und Bergbau zusammengetragen. Dabei kamen 200 verschiedene Gesteine zusammen, die gemeinsam rund 150 Tonnen auf die Waage bringen. Zu sehen sind unter anderem Diabas, Roteisenstein, Kieselschiefer, Grauwacke, Taunusquarzit,

Naturschutzgebiet „Salzwiesen von Münzenberg"

Kellerwaldquarzit, Ordovizquarzit-Gerölle und Paläozoische Kalkgesteine.
Der Geologische Garten hat keine festen Öffnungszeiten, daher müssen Besuchs- und Führungstermine vorher angemeldet werden unter 06422-85168 oder 06004-3072. Weitere Informationen auch im Internet:
www.geologischer-garten-muenzenberg.de

Naturschutzgebiet „Salzwiesen" ❷

Zwischen Münzenberg und Griedel erstreckt sich die mehr als ein Kilometer breite Aue der Wetter. Der Talraum ist geprägt von Mähwiesen, Viehweiden sowie vom natürlich schwingenden Flusslauf, der vom Burgturm an seinem durchgehenden Saum mit Erlen und Weiden gut auszumachen ist.
In einem Bogen von der Wetter umflossen befindet sich nordwestlich der Stadt Münzenberg das flächenmäßig größte Naturschutzgebiet entlang des Flusslaufs. Die „Salzwiesen von

In den Wiesen tritt salzhaltiges Quellwasser an die Bodenoberfläche.

Münzenberg" erstrecken sich auf 64 Hektar weitgehend über Grünlandflächen. Wie an vielen Stellen im Wettertal tritt hier salzhaltiges Wasser aus dem Untergrund hervor. Rund um diese Quellen haben sich binnenländische Salzwiesen entwickelt. Außerdem gibt es im Gebiet Schilf- und Seggenbestände, trockene Magerrasen und kleinräumig auentypische Waldgesellschaften.

Die meist sehr kleinen Salzstellen sind im Binnenland eher selten. Im Wetteraukreis hingegen findet man die größten natürlich vorkommenden Binnensalzwiesen Hessens. Allein das Naturschutzgebiet „Salzwiesen von Münzenberg" hat schon 7 Hektar dieses Lebensraumtyps. In ganz Hessen gibt es insgesamt 25 Hektar Salzwiesen.

Hier im Tal der Wetter tritt salzhaltiges Quell- und Druckwasser an die Bodenoberfläche und führt zur Ansiedlung salzliebender Pflanzen. Normalerweise ist salzhaltiges Wasser für Pflanzen schädlich, doch im Laufe der Evolution passten sich einige Arten, wie beispielsweise Erdbeerklee, Salzdreizack oder Horn-

Eine typische Salzpflanze im Gebiet ist der Salzdreizack.

Blick ins Naturschutzgebiet, im Hintergrund liegt Ober-Hörgern.

Feuchtwiesen entlang der Wetter

klee, an die besonderen Bedingungen an. Die größten Vorkommen von Salzpflanzen finden sich in den Naturschutzgebieten „Salzwiesen von Münzenberg", „Salzwiesen von Wisselsheim" und „Salzwiesen von Selters" (an der Nidder, bei Ortenberg).
Die geologische Ursache sind zahlreiche Verwerfungen im Untergrund, die zum Austritt von Salzquellen aus dem Werra-Salinar führen und die Anreicherung von Salz im Oberboden befördern. Die Prägung als Lebensraum salzliebender Pflanzen hat der Standort auch dem am Münzenberger Rücken – einer Untereinheit des Naturraums Wetterau – vorherrschenden Klima zu verdanken. Das ist hier mit einer Jahresdurchschnittstemperatur von 9°C relativ warm und mit 530 Millimetern ziemlich niederschlagsarm. Das führt durch Verdunstung und einer nur geringen Verdünnung zu einer Anreicherung des Salzes.
Als Naturschutzgebiet wurden die „Salzwiesen von Münzenberg" bereits 1977 ausgewiesen. Später wurden sie dann, wegen ihrer europaweiten Bedeutung, auch in das europäische Schutzgebietsnetz NATURA 2000 aufgenommen. Eigentümer

der Naturschutzflächen sind die Stadt Münzenberg, die Stadt Lich und das Land Hessen.
Um den besonderen Charakter des Gebiets zu erhalten, ist eine kontinuierliche Pflege erforderlich. Regelmäßig ist eine Mahd erforderlich, viele Flächen werden mittlerweile auch wieder mit Schafen und Rindern beweidet. Dort wo diese Art der Pflege nicht erfolgt, werden die seltenen Salzpflanzen durch Schilf verdrängt.
Am südlichen Rand des Naturschutzgebiets befinden sich auch Magerrasen, die an vielen kleinen Hügeln zu erkennen sind, die von Ameisen und Maulwürfen erzeugt werden. Charakteristisch sind die Unterschiede in der Vegetation in diesem Kleinrelief: Auf der Nordseite der Hügel wächst Moos, auf der Südseite dagegen haben sich sogenannte „Hungerleider", also Pflanzen, die mit einem geringen Angebot an Nährstoffen auskommen, wie Kleiner Wiesenknopf, Kleines Habichtskraut oder Hungerblümchen angesiedelt.

Naturschutzgebiet „In der Metz" ❸

Nach Süden hin steigt das Gelände von der Talaue aus sichtlich an. Hecken, vereinzelt Obstbäume und überwiegend schütteres Gras prägen die 21 Hektar große Naturschutzgebietsfläche „In der Metz bei Münzenberg". Das Gebiet ist von Trockenheit geprägt, es haben sich typische Pflanzen trockener und magerer Standorte, wie die Küchenschelle, eingestellt. Viele dieser Pflanzenarten sind unscheinbar und klein, man muss schon auf die Knie gehen, um sie überhaupt wahrzunehmen, einige sind nur mit Lupe zu bestimmen. Eins haben diese Pflanzen aber gemeinsam: Sie sind ausgesprochen selten und unterliegen einem besonderen Artenschutz. Die besten Helfer bei der Landschaftspflege sind die Schafe, unter deren Nutzung artenreiche Pflanzenbestände wie in der Metz in den letzten Jahrhunderten überhaupt erst entstanden sind.

Wetter bei Münzenberg

Mühlrad an der Mühle in Ober-Hörgern

Ober-Hörgern

Nach ihrem Bogen um die Salzwiesen von Münzenberg streift die Wetter den südlichen Rand des Münzenberger Ortsteils Ober-Hörgern. Genau genommen streckt sich Ober-Hörgern zur Wetter hin: Die alte Doppelmühle befindet sich südlich außerhalb des eigentlichen Ortskerns. Eins der Mühlräder ist erhalten geblieben, befindet sich aber im Ruhestand. Hier teilt sich die Wetter in den Hauptlauf und einen Mühlgraben, in der Mitte entsteht dadurch eine Insel, auf der sich ein Sportplatz befindet. Über Kleingärten hinweg ist vom Sportplatz aus das Mühlrad zu sehen.
Sehenswert auch die Brücke neben der Mühle, in Bruchstein gemauert und mit zwei Bögen sicherte sie die direkte Wegeverbindung über die Wetter von Ober-Hörgern nach Münzenberg. Wie zwei ganz ähnliche Brücken in Gambach und Griedel, die ebenso aus dem 17. oder 18. Jahrhundert stammen, ist sie als Kulturdenkmal ausgewiesen.

Blick in die Brunnenstraße, vorne links das Rathaus

Rathaus Ober-Hörgern

Ober-Hörgern ist ein typisches Straßendorf, das sich entlang der Bundesstraße 488, im Ort „Licher Straße" benannt, entwickelt hat. Um 1840 wurde die Licher Straße als Bestandteil der neuen Provinzialstraße von Butzbach nach Lich ausgebaut. An der Einmündung der Brunnenstraße in die Licher Straße befindet sich das Rathaus von Ober-Hörgern. Der zweigeschossige Bau ist im Erdgeschoss massiv, im Obergeschoss in Fachwerk errichtet. Die ältesten Teile des Fachwerks gehen auf das 17. Jahrhundert zurück. Ursprünglich befand sich auf der Giebelseite, die zur Licher Straße hin gewandt ist, die Einfahrt für Spritzenwagen. Interessant auch das noch vorhandene Halseisen an der Gebäudeecke, das im Mittelalter und in der frühen Neuzeit zur Verhängung der Strafe des „Prangerstellens" genutzt wurde (ein weiteres Halseisen ist auch am Rathaus Münzenberg zu sehen).

Die evangelische Kirche von Ober-Hörgern

Evangelische Kirche Ober-Hörgern

Nur ein paar Häuser weiter steht die evangelische Kirche in Ober-Hörgern. Ein rechteckiger Saalbau mit einem seitlich angesetzten Turm. Die Kirche ist vom Friedhof umgeben.
Die Inschrift unter den Wappen des Grafen Friedrich Wilhelm von Solms-Lich und seiner Gemahlin Wilhelmina Magdalena verrät mit 1729 das Datum der Erbauung der Kirche. Der gotische Kirchturm hat einen gestaffelten Haubenhelm, die Wetterfahne trägt die Jahreszahl 1778. Der Innenausbau der Kirche besteht aus einer dreiseitigen Empore, einem Gestühl und einer Kanzel aus der Bauzeit. Die Orgel kam 1839 dazu. Bei der Ober-Hörgerner Kirche handelt es sich um eine Filialkirche der Gambacher Pfarrei.

Alte Wetterbrücke von Ober-Hörgern

Vorsicht: Kannibalen

Wahrscheinlich hat der Besucher in Ober-Hörgern heute nichts mehr zu befürchten. Es liegt auch schon ein paar Jahre zurück, dass hier offensichtlich auch Menschen auf dem Speiseplan standen. Zumindest lassen die Funde, die beim Bau der Kläranlage gemacht wurden noch Raum für Spekulationen offen. Hier wurde eine bandkeramische Siedlung aus der Zeit zwischen 4.500 und 4.000 vor Christus ausgegraben. Dabei fanden sich neben Resten von Haus- und Wildtieren auch Teile menschlicher Skelette: Schädelfragmente und Schienbeinschäfte. Beide weisen Bearbeitungsspuren auf, die darauf hindeuten, dass das Knochenmark ausgelutscht oder im Rahmen ritueller Handlungen geopfert werden sollte. In jedem Fall gehörten die Opfer nicht zur Familie, sonst wären sie in der für diese Zeit typischen Hockstellung begraben worden.

Renaturierung der Wetter

Eigentlich ist die Wetter in ihrem Verlauf weitgehend vor grundlegenden Regulierungen verschont geblieben, weshalb sie auch im Gegensatz zur Nidda ein relativ naturnahes Bild bewahrt hat. Dennoch gibt es einzelne Gewässerabschnitte, die in der Vergangenheit zur Verbesserung der Hochwassersicherheit, Sicherung der Ufer und mit dem Anlegen von Mühlenwehren naturfern verbaut wurden.
Um die Gewässerstruktur zu verbessern und auch um mehr Fließdynamik zu erhalten, fand im Sommer 2005 auf 200 Flussmetern unterhalb der Ortslage von Ober-Hörgern eine Renaturierung der Wetter statt. Der Wasserverband Nidda, der auch für die Unterhaltung der Wetter zuständig ist, beseitigte dabei die Steilufer und sorgte für eine Aufweitung der Gewässersohle. An den Ufern wurden unterschiedliche Böschungsneigungen angelegt, Buhnen und Leitwerke ins Gewässer eingebaut und Grobschotter als Geschiebe eingebracht. Damit ist gewährleistet, dass die Wetter in ihrem Gewässerquerschnitt und –profil unterschiedliche Strömungsgeschwindigkeiten nebeneinander hat. Für die Fortpflanzung brauchen die Fische sandigen bis kiesigen Untergrund, um überhaupt ihren Laich ablegen zu können. Auch sollten die Bereiche, in denen die jungen Fische aus ihren Eiern schlüpfen und die ersten Tage verbringen möglichst wenig Strömung haben, damit sie nicht weggespült werden. Von der Aufweitung der Ufer profitieren nicht allein die tierischen Bewohner der Wetter, damit wird auch ein Beitrag zum Hochwasserschutz geleistet, da der Fluss dort mehr Wasser aufnehmen kann, bevor es über die Ufer geht.

Das ehemalige Mühlenwehr bei Ober-Hörgern

Auch die Wetter hat begradigte Abschnitte, die künftig renaturiert werden müssen. Dabei sollten auch die Ufergehölze ergänzt werden.

Den flachen Zugang vor der Brücke nutzen auch die Rinder zum Trinken.

Gambach

In und rund um Gambach ist schon sehr lange gesiedelt worden. Die Lage ist dazu auch ideal: Eine leichte Neigung nach Süden, der Gambach als kleines Gewässer und zu Füßen die Wetter mit ihrer breiten Aue. Keramikfunde, die auf die Zeit um 2.500 bis 2.000 vor Christus datieren belegen ebenso wie der westlich der Gemarkung verlaufende Limes, dass hier optimale Bedingungen für die Sesshaftwerdung gegeben sind.
Weniger erfolgreich jedoch war eine schon 1787 als Wüstung bezeichnete Ortschaft Nieder-Hörgern, die südöstlich von Gambach gelegen haben muss. Etwa im Bereich dieser Wüstung steht die schöne Bruchsteinbrücke, auf der die „Alte Straße" die Wetter kreuzt. Das imposante Bauwerk, das die Wetter unter sich in zwei Teile trennt, steht relativ offen und markant in der Landschaft. Hinter der Brücke weitet sich das Flussbett für einen kurzen Augenblick auf, die Wetter wird flacher, auch die

Die „Alte Straße" quert über diese Bruchsteinbrücke die Wetter.

Ufer streichen seicht aus – ein idealer Einstieg für eine kleine Flusserkundung. Unter den im Wasser liegenden Steinen sind die Larven der Eintagsfliege und der Köcherfliege zu finden.
Nur 400 Meter weiter mündet der von Norden her kommende Gambach nach 5,5 Kilometer Fließstrecke bei der Gambacher Mühle. Diese wird auch als Bachmühle bezeichnet, ihre Existenz ist seit dem 14. Jahrhundert überliefert. Die Mühle ist in ihrer Gesamtheit unter Denkmalschutz gestellt, von besonderer Bedeutung ist aber das Fachwerkwohngebäude, dessen Obergeschossschwelle die Jahreszahl 1685 preisgibt. Insgesamt hatte Gambach früher vier Mühlen. Eine weitere davon, die Waschmühle, liegt gut einen Kilometer unterhalb von Gambach, auf halber Strecke nach Griedel zwischen der Bundesstraße 488 und der Wetter.
Am westlichen Ortsrand von Gambach, endet der Bockenheimer Bach nach rund 4,5 Kilometern in der Wetter. Er fließt ebenfalls von Norden her zu.
Ein kleiner Abstecher in den historischen Kern Gambachs mit

seinen zahlreichen Fachwerkgebäuden und Hofanlagen lohnt sich. Mitten drin auch die evangelische Pfarrkirche von 1703, umgeben von einer wehrhaften, mittelalterlichen Kirchhofmauer. Direkt davor, in der Hauptstraße befindet sich das Rathaus Gambach.

Rathaus Gambach mit Heimatmuseum

Das Gambacher Rathaus ist ein zweigeschossiger Bau mit einem auffallend steilen Satteldach. Eine Besonderheit ist das als offene Halle gestaltete Erdgeschoss. Darüber auf der Obergeschossschwelle die Inschrift: NISI DOMINUS CUSTODIERIT CIVITATEM FRUSTRA VIGILAT QUI CUSTODIT EAM – „Wenn nicht der Herr die Gemeinde behütet, wacht vergeblich, wer sie behütet" (Psalm 127, Vers 1). Ein Vers, der auch am Rathaus im benachbarten Butzbach zu lesen ist. Erbaut wurde das Rathaus 1561 von den Meistern Michaeliy und Laux. Alten Urkunden zufolge war Laux ein ortsansässiger Zimmermann.
Im zweiten Stock des Rathauses ist heute das Heimatmuseum untergebracht. Darin Ausstellungen zu den Jubiläen der Stadt Münzenberg, zur 1.200 Jahre alten Geschichte Gambachs sowie zahlreiche Zeugnisse unterschiedlicher menschlicher Epochen, belegt mit Exponaten aus dem Alltags-, Kriegs- und Fluchtgeschehen. Unumstrittene Hauptattraktion des Museums ist der sogenannte „Glockenbechermann", der 2003 bei Grabungen in einem Gambacher Neubaugebiet gefunden wurde. Dabei handelt es sich um das Skelett eines Kriegers, der hier vor etwa 4.500 Jahren lebte und der getrost als ein „Ur-Gambacher" angesprochen werden darf.
Das Museum hat jeden ersten Sonntag im Monat von 14 – 17 Uhr geöffnet, der Eintritt ist frei. Weitere Besuchstermine können telefonisch unter 06033-68499 vereinbart werden.

Ein Lebensraum aus zweiter Hand

Erdgeschichtlich irgendwann zwischen dem Aussterben der Dinosaurier und heute befand sich hier die Küstenlinie eines großen Meeres. Damals senkte sich die Wetterau erheblich ab, wodurch Wassermassen aus dem riesigen Tertiärmeer, das vom heutigen Mittelmeer bis ins Mainzer Becken reichte, eindringen konnten. Dieses Meer war es auch, das (an der Schwelle vom Oligozän zum Miozän, vor rund 25 Millionen Jahren) die Gambacher Quarzsande – ein Verwitterungsprodukt des Taunusquarzits – hier ablegte.

Genau die werden schon eine Weile über und unter dem Grundwasserspiegel abgebaut, was an der riesigen Abbaufläche zu erkennen ist. Schon von weitem leuchten die Quarzsande in ihrem hellen Gelb und zarten Ocker dem Betrachter entgegen. Die Qualität der gewonnenen Sande ist einzigartig, weshalb sie bis nach Australien, Brasilien und Japan exportiert werden. Die Gambacher Gießerei- und Glassande werden für die Herstellung von Turboladern und Flugzeugturbinen verwendet.

Der Abbau des Quarzsands findet im Tagebau statt. Das zur Aufbereitung verwendete Wasser wird anschließend in die mehrere Hektar großen Gewässer geleitet. Die dabei immer neu entstehenden Steilhänge nutzen Uferschwalben als Brutwände. Auf den Sandflächen fühlen sich Steinschmätzer, Flussregenpfeifer und Sandlaufkäfer wohl und in den Feuchtbiotopen tummeln sich Kreuzkröten. Ein guter Beweis dafür, dass auch nach einem so massiven Eingriff wieder ein neuer „Lebensraum aus zweiter Hand" entstehen kann. Der ist in diesem Fall so gut, dass hier bedrohte Arten Platz finden, die in der umliegenden Landschaft bereits ausgestorben sind.

Ist heute Teil der Grundstückseinfriedung: Ein Mahlstein der Kunstmühle

Griedel

In Griedel hat sie nichts verloren, und wendet sich deswegen um den Wingertsberg herum nach Marienschloß. Ob sie einen armen Verwandten dort im Gefängnis sitzen hat, der Wolle spinnen oder Leinwand weben muß?

Schon unterhalb der Gambacher Waschmühle beginnt das Biberland: Seit einiger Zeit fühlt sich dort eine Biberfamilie wohl, was gut an den zahlreichen Fraßspuren zu erkennen ist, die sich an den Bäumen bis zum Riedhof bei Griedel ablesen lassen. Die vorhandenen Biberburgen zeugen vom Familienglück.
Bevor die Wetter beinahe im rechten Winkel nach Südosten abbiegt, zweigt schon knapp 900 Meter nach der Waschmühle ein weiterer Graben Wasser für einen Mühlenstandort

Bruchstein-Brücke in Griedel

ab. Dabei entsteht eine etwa 400 Meter lange Insel zwischen Wetter und Mühlgraben. Erst am Münzenberger Weg vereinen sich die beiden Stränge wieder. Die aufgestaute Energie trieb ursprünglich die Riedmühle an, die jedoch musste 1879 der Kunstmühle Platz machen, die ihren Standort einnahm. Mit der neuen Mühle begann das Industriezeitalter: Ergänzend zur Wasserkraft kam zunächst eine Dampfmaschine zum Einsatz, die später Verstärkung durch einen Gasmotor erhielt. Die letzte Modernisierung erfuhr die Mühle nach dem ersten Weltkrieg, aus dieser Zeit stammt die technische Ausstattung, von der auch nach der Stilllegung 1980 noch Reste erhalten sind. Dominiert wird das Gebäudeensemble der Mühle von dem viergeschossigen Mühlenbau in Ziegelmauerwerk.
Gleich neben der Mühle befindet sich ein weiteres Exemplar der vielen schönen aus Bruchsteinen gemauerten alten Brücken. Ausgestattet mit zwei Bögen, Wellenbrecher und angeböschten Landfesten, im 18. – vielleicht sogar schon im 17. Jahrhundert errichtet, steht sie über einer breiten, flachen Wetter mit

Reichlich Geschiebe in der Wetter bei der Brücke in Griedel

Große Steine, Schotter und Kiese sind Voraussetzung für eine hohe Artenvielfalt im Gewässer. Sie bieten Unterschlupf für zahlreiche Tiere.

ausgeprägtem Schotterbett. Sie war die Verbindung des Ortes mit der vorgelagerten Riedmühle und verband Griedel mit der linken Uferseite des Wettertals. An der Brücke mündet auch der Kleinbach, der auf seiner 5,9 Kilometer langen Fließstrecke von Butzbach kommend zuletzt Griedel durchquert.

Der Wingertsberg und die kleine Eiszeit

Östlich der Mühle erhebt sich der Wingertsberg, dessen Name und Exposition eindeutig auf die historische Nutzung verweist. Wie an vielen Orten der Wetterau wurde auch hier Wein angebaut. Bereits die Römer hatten die Reben mit in ihr neues Siedlungsgebiet gebracht, dort wurden sie bis zur kleinen Eiszeit, im 15. Jahrhundert kultiviert. In dieser Zeit kam es zu einer dramatischen Klimaänderung in Mitteleuropa, abzulesen auch an den Bildmotiven dieser Zeit, beispielsweise bei Pieter Bruegel dem Älteren, der ausgedehnte Winterlandschaften mit vereisten Seen und Flüssen darstellte. Kühle Sommer, eiskalte und lange Winter, Hunger, Auswanderung und Wüstwerdung von Siedlungen prägten diese Epoche, die bis ins 19. Jahrhundert reichte, auch in der Wetterau. Jedenfalls kamen die Trauben nicht mehr zur Reife, die Weinberge wichen dem Anbau von Obst. Vorrangig Obstbäume mit hohen Stämmen, die eine Unternutzung ermöglichten, wurden dort gepflanzt, lieferten Nahrung und einen Ersatz zum Keltern berauschender Getränke – das berühmte Hessische „Stöffche", der Apfelwein ersetzte den Wein aus Trauben.
Heute befindet sich auf dem Wingertsberg ein Wohngebiet, ein Straßenname darin verrät einen weiteren Aspekt aus der Geschichte: „Am Bergwerk". Zunächst von 1852 bis 1865 im Tagebau, später dann bis zum ersten Weltkrieg im Untertagebau wurden Eisenerz und Mangan abgebaut. Mehrere Meter tiefe Stollen führten in den Untergrund, in dem neben den begehrten Metallen auch schöne Kristalle von Kappenquarzen gefunden wurden.

In Griedel führt ein Naturlehrpfad entlang der Wetter.

Ein Naturlehrpfad entlang der Wetter

In langen Strecken ist die Wetter kaum zugänglich, keine Uferwege vorhanden, Gehölze im Weg – das ist auch gut so und schafft ungestörte Rückzugsräume für seltene Tierarten, wie den Eisvogel, der mit etwas Glück in Griedel zu beobachten ist. Dort führt ein rund 1,2 Kilometer langer Rundweg – markiert mit dem Eisvogel – von der alten Brücke entlang des Ufers bis zur Eisenbahnlinie und weiter zum Wehr am östlichen Rand des alten Ortes.

Startpunkt dieses Naturlehrpfads ist der Dorftreff Griedel, bei dem auch eine Übersichtstafel zum Routenverlauf hängt. Entlang des Pfades hat die Natur- und Vogelschutzgruppe Griedel elf Schautafeln aufgestellt, auf denen besondere Tier- und Pflanzenarten, Gesteine und die Kulturgeschichte behandelt sowie ökologische Zusammenhänge erklärt werden. Bänke bieten Rastmöglichkeiten am idyllisch bewachsenen Ufer.

Zu sehen sind dabei alle für den Fluss typischen Gehölze, wie die Schwarzerle, einige Weiden, die Esche, eine Schwarzpappel und die Ulme. Weitere Informationen auf der Seite des Vereins: www.nvg-griedel.de

Station auf dem Naturlehrpfad: Das alte Wehr

Naturnah belassene Ufer mit typischem Gehölzbestand

Die älteste Zuckerfabrik Oberhessens

Turmsprengungen sind immer Ereignisse, die zahlreiche Schaulustige finden. So auch, als 2012 Griedel eines seiner besonderen Wahrzeichen verlor, nämlich den 28 Meter hohen, aus Backsteinen gemauerten Schornstein an der Einmündung des Münzenberger Wegs in die Ortsdurchfahrt, die Wetterstraße. Aus sicherem Abstand verfolgten viele Zuschauer das Ereignis, ein Knall und das Bauwerk fiel in sich zusammen, fachgerecht umgelegt.

Der Schornstein und das ihn umgebende Gelände sind ein Zeugnis früheren Unternehmertums und Vorbote der Industrialisierung. Für nur zehn Jahre war hier ab 1830 die erste oberhessische Zuckerfabrik in Betrieb. Immerhin ein Erwerbszweig, in dem die verarmte Landbevölkerung Arbeit finden konnte. Später wurde in den Gebäuden eine Schnapsbrennerei eingerichtet. Bis in die 1960er Jahre nistete auf dem Schornstein der Storch.

Eine wehrhafte Kirche

Von Süden kommend ist die evangelische Kirche von Griedel schon von weitem auszumachen. Äußerst stämmig kommt der Kirchturm daher, der wie ein dickes Fass am Kirchenbau steht. Es handelt sich dabei um einen runden, gotischen Turm, einen ehemaligen Bergfried der Burg Griedel aus dem 14. Jahrhundert. Die zweischiffige Kirche aus den Jahren 1909 – 1911 wurde erst viel später auf der Fläche eines baufällig gewordenen Vorgängergebäudes errichtet. Der Turm erhielt bereits 1830 seinen heutigen Helm. Im Inneren ist eine spätgotische Sakramentsnische mit dem Wappen der Griedeler Grundherren aus dem Hause Eppstein als wohl wertvollster Ausstattungsgegenstand zu sehen.

Die Wetter fließt aus Griedel an der heute als Reitanlage genutzten Rainmühle heraus aus dem Stadtgebiet Butzbach, hinein in die Rockenberger Gemarkung. Nordwestlich des Flusslaufs kommen die großen Schilfflächen der Klosterwiesen in Sicht.

Turm der Griedeler Kirche

Schon gleich hinter Griedel fallen die großen Schilfflächen ins Auge.

Rockenberg

Rockenberg mit den drei Kirchtürmen kommt in Sicht. Im Vordergrund links die Kirche des ehemaligen Klosters Marienschloss gleich daneben, nach hinten versetzt, der Turm der evangelischen Kirche und dominant zur Rechten die katholische Kirche mit ihrem mächtigen Wehrturm.
Zentral vor dem Ort fallen in der Niederung vor Rockenberg die großen Schilfflächen der Klosterwiesen ins Auge. Die Grenze dieses Gebiets verläuft im Südwesten unmittelbar auf dem Schienenstrang der heute von der historischen Eisenbahn befahren wird.

Naturschutzgebiet „Klosterwiesen" 4

Auf Höhe der Rainmühle, noch in der Gemarkung des Butzbacher Stadtteils Griedel, beginnt das Naturschutzgebiet „Klos-

Die Klosterwiesen haben die größten Schilfflächen der Wetterau.

terwiesen von Rockenberg". In der Talaue der Wetter gelegen, umfasst das Gebiet eine Fläche von rund 40 Hektar. Zahlreiche Quellen sorgen dafür, dass hier permanent Wasser an die Oberfläche tritt. Der Grund dafür ist eine Tonschicht im Boden, die wie ein unterirdischer Damm das vom Hang in Sandschichten ablaufende Grundwasser zurückhält. Dadurch haben sich großflächig Niedermoore entwickelt. Es ist daher nicht ratsam, den Weg quer durch das Gebiet zu suchen.

Auffällig sind die großen Schilfröhrichte. Sie sind mit rund 20 Hektar die größten Flächen dieses Biotoptyps in der gesamten Wetterau. An weiteren Lebensräumen kommen noch Wasserflächen, Weidengebüsche und der Gehölzsaum entlang der Wetter hinzu.

Als Brutvogel fällt besonders der Graureiher ins Auge, der hier mit einer kleinen Kolonie vorkommt. Daneben ist die Rohrammer, als Liebhaberin der vielen im Wind wippenden Schilfhalme, charakteristisch. Diese kleine Singvogelart ziert auch das Logo des Naturschutzgebietes.

Naturschutzgebiete im Überblick: Im Hintergrund mit Schilf die „Klosterwiesen" und vorne, mit Wasserfläche die „Hölle"

Lange ersehnt, fand sich 2014 endlich auch der Weißstorch auf dem aufgestellten Nest ein, um gleich zur Brut zu schreiten. Mit Erfolg: Schon im ersten Jahr erblickten zwei Jungstörche das Licht der Welt. 2015 waren es dann sogar drei.
Insgesamt konnten bislang rund 140 Vogelarten beobachtet werden, die die Klosterwiesen als Brut- oder Rastgebiet nutzen. Darunter Blaukehlchen, Teichrohrsänger, Rohrweihe, Wasserralle und Graugans.

Kloster Marienschloss

Auch wenn der Gebäudekomplex von Süden betrachtet recht einladend aussieht, würden es die Gäste darin wahrscheinlich vorziehen heraus und weit weg zu kommen. Das ehemalige Kloster Marienschloss hat zwar viele Gesichtszüge seiner historischen Nutzung bewahrt, dennoch ist die Nutzung – nach der Säkularisierung im Jahr 1803 – nicht spurlos daran vorbei

Der Graureiher ist ein Brutvogel der Klosterwiesen.

Die Bahntrasse entlang der Klosterwiesen wird von der historischen Eisenbahn befahren, die im Frühling Sonderfahrten anbietet.

Im ehemaligen Kloster befindet sich eine Justizvollzugsanstalt.

gegangen. Auf den Mauerkronen der alten Bruchsteinmauern, die das Gelände umfassen, sorgen spiralförmig ausgelegte Stacheldrahtbewehrungen für Ausbruchssicherheit. Jugendliche Straftäter verbüßen hier ihre Haftzeit.

Auch schon die Nonnen lebten in Klausur, durften nur mit Erlaubnis den abgegrenzten Bereich verlassen. Diese zogen mit Stiftungsurkunde von 1338 in das Kloster ein. Ritter Johann von Bellersheim, auch genannt „von Rockenberg" hatte zuvor gemeinsam mit seiner Frau Gertrud von Düdelsheim das Anwesen den Zisterziensern übergeben. Schon zuvor gab es hier wahrscheinlich eine Beginen-Klause, die sich der Krankenpflege widmete.

Kloster Marienschloss ist eine von weiteren Nonnenklöstern, die im 13. und 14. Jahrhundert von Kloster Arnsburg ausgingen und dem auch unterstanden. Im 18. Jahrhundert stand das Kloster in voller Blüte, was An- und Umbauten belegen. Kurz drauf kam das Ende und 1811 zogen in die heutige Justizvollzugsanstalt Rockenberg die ersten Häftlinge ein.

Das Kloster Marienschloss wurde 1338 als Nonnenkloster gegründet.

Naturschutzgebiet „Hölle" ⑤

Knapp 300 Meter nordöstlich der Justizvollzugsanstalt befindet sich ein aufgelassener Sandsteinbruch. Darin hat sich auf relativ kleinem Raum ein wertvoller Lebensraum für Vögel und Amphibien entwickelt. Eine Wasserfläche ist entstanden und die Sandflächen und steilen Wände haben insbesondere trockenheits- und wärmeliebenden Arten einiges zu bieten. Das ist auch der Grund, warum die gut zehn Hektar große Fläche Anfang der 1990er Jahre als Naturschutzgebiet „Hölle von Rockenberg" ausgewiesen wurde. Schautafeln bieten vor dem Gelände Informationen zum Gebiet und beschreiben das Leben der Sumpfschildkröte. Die ist seit 2002 wieder hier. Im Rahmen einer Wiederbesiedlung sind einige Tiere ausgesetzt worden, die aus einem Nachzuchtprogramm aus dem Zoo Frankfurt stammen. Die Europäische Sumpfschildkröte galt schon als ausgestorben für Hessen, bevor einige Exemplare in Südhessen gefunden wurden. Ursprünglich war diese einzige mitteleuropäische Schildkrötenart überall an den Flüssen und in den Auen heimisch. Auch an der Wetter. Durch intensives Nachstellen – viele dieser Reptilien wanderten in den Kochtopf – verschwanden sie beinahe flächendeckend.

In dem Gebiet haben sich Sandpionierrasen, Silikatmagerrasen und Heidegesellschaften ausgebreitet. Den kleinen Teich schätzen vor allem die Graugänse, die hier gerne mit ihren Jungen ein ruhiges Plätzchen suchen. Die Wechselkröte in ihrem eleganten Camouflage und Wildbienen haben hier eine neue Heimat gefunden. Zart rosa färbt sich im Frühsommer ein Teil des Gebietes, wenn die wilden Nelken blühen. Dazu gesellen sich Bergsandglöckchen, Silbergras und Filzkraut.

Eine geologische Besonderheit der Hölle ebenso wie der benachbarten Sandgruben sind die Sandrosen, eine Art Kristallgebilde, die im Laufe mehrerer Millionen Jahre im Sandboden entstanden sind. Diese kunstvollen Naturschöpfungen bestehen aus Sandkörnern, Gips und Baryt. Eine große Ausstellung Rockenberger Sandrosen sind im Büdinger Sandrosenmuseum ausgestellt.

Früher als Sandsteinbruch genutzt, heute Naturschutzgebiet: Die „Hölle von Rockenberg"

Seit 2002 lebt die Europäische Sumpfschildkröte in der „Hölle".

Die Wechselkröte liebt sandige Böden. In der „Hölle von Rockenberg" findet sie ideale Lebensbedingungen.

Rockenberg ist leicht an den drei Kirchtürmen zu erkennen.

Die Rockenberger Kirchen

Die katholische Kirche St. Gallus von 1754 bildet mit ihrem mittelalterlichen Turm den Mittelpunkt des Ortes. Der achteckige, gotische Turm mit dem Spitzhelm und den Wichhäusern ist wahrscheinlich ein Teil der um 1300 von den Herren von Bellersheim errichteten Kirche. Im Dreißigjährigen Krieg wurde die alte Kirche stark beschädigt, 1667 stürzte die Männer-Empore ein. Erst 1752 wurden Verträge über einen Neubau geschlossen, der zwei Jahre später fertiggestellt werden konnte. Die 1967 vorgenommenen baulichen Erweiterungen haben das historische Erscheinungsbild stark beeinträchtigt. Bis heute sind Teile der wehrhaften Kirchhofsummauerungen erhalten, an die die Einfassung des Friedhofs in jüngerer Zeit angeschlossen wurde.

Turm der katholischen Kirche St. Gallus in Rockenberg

Etwa in der Mitte zwischen Kloster und katholischer Kirche befindet sich die kleinere, evangelische Gustav-Adolf-Kirche von Rockenberg. Der barocke Saalbau wurde 1909 errichtet, mit ihrem Haubendachreiter über der Westfront hat sie eine gewisse Ähnlichkeit mit der Klosterkirche. Auf einer leichten Anhöhe gelegen ist sie umgeben von der Siedlung der Rockenberger Gefängnisbeamten, die ebenfalls Anfang des 20. Jahrhunderts errichtet wurde.

Von Rittern und Burgen

Im Ortskern von Rockenberg ist neben vielen Fachwerkhäusern das historische Rathaus sehenswert. Um 1800 wurde es als Gasthaus „Zum Ritter" errichtet, zwischenzeitlich zu einem Schulhaus umgebaut und ist schließlich seit 1908 Rathaus.
Gegenüber liegt die um 1300 von den Herren von Bellersheim erbaute Burg mit einem viergeschossigen, rechteckigen Wohnturm mit Walmdach. Umgeben ist der Turm von Resten einer ebenfalls rechteckigen Ringmauer mit runden Ecktürmen. Von einer äußeren Ringmauer ist entlang der Ziegelgasse ein Teilstück erhalten.
1581 fiel die Burg an Kurmainz, wurde dann nicht mehr bewohnt und nachfolgend als Ökonomiehof genutzt.
Entlang des südlichen Ortsrands verläuft der Hammelshäuser Graben, der von Osten kommend nach 4,5 Kilometern Länge in die Wetter mündet. An dem Graben steht noch die Riedmühle, eine vierseitig umbaute Hofanlage. Im Dreißigjährigen Krieg zerstört, ist die Wiederinbetriebnahme für 1664 überliefert. Das Wohnhaus datiert auf das Jahr 1832, so ist es der Inschrift des überdachten Hoftores zu entnehmen. Weitere Informationen zur Geschichte des Ortes auch auf der Seite des Kultur- und Geschichtsvereins Oppershofen: www.marienschloss.de

Oppershofen

Sie sieht in der Nähe das Bild des ehrwürdigen Nepomuk stehen und die hübschen Kirchen zu Rockenberg und Oppershofen (...). Es will ihr aber doch nicht lange dort und auf der Nonnenmühle behagen, und so zieht sie nach Steinfurth, wo sie beim Herrn von Löw auf dessen Mühle Dienste sucht.

„Bardo" ist bis heute ein relativ häufiger Männername in Oppershofen, es gibt eine Bardostraße und ein Pfarrheim St. Bardo. Kein Wunder, handelt es sich doch um einen der berühmtesten Söhne dieses Rockenberger Ortsteils. Persönlich hat ihn hier niemand kennengelernt, immerhin ist er schon runde 1.000 Jahre tot. Um 980 ist er in Oppershofen geboren worden, Bardo, der später zum Erzbischof von Mainz erhoben wurde und noch heute in einigen deutschen katholischen Bistümern als Heiliger verehrt wird.
Die Aue der Wetter wird schon nach Rockenberg etwas schmaler, die erhobenen Flanken rücken langsam näher an den Fluss heran, Grünland mit Wiesen und Weiden bestimmt das Bild. Zwischen den Gleisen der Butzbach-Licher-Eisenbahn und der Wetter befinden sich Flachwasserteiche und ein Storchennest, in dem 2015 erstmals eine Brut mit zwei Jungen groß wurde.

Nepomuk bewacht die alte Brücke

Wie die meisten alten Bruchsteinbrücken, stammt auch die in Oppershofen aus dem 17. oder 18. Jahrhundert. Vor der Brücke macht sich die Wetter breit, hat einen dichten Uferbewuchs aus Rohrkolben und duckt sich dann. Mit drei Bögen ist die Brücke komfortabler ausgestattet, als die meisten vorhergehenden, die Pfeiler sind mit Wellenbrechern ausgestattet und auf der Brückenbrüstung steht die sandsteinerne Statue des

Statue des heiligen Nepomuk auf der Brücke in Oppershofen

Johann
1776

Dreibogige Brücke in Oppershofen

heiligen Nepomuk, der eine Inschrift aus dem Jahr 1779 trägt, also wahrscheinlich jünger ist, als die Brücke selbst.
Von Nieder-Weisel her kommt die Kelten-Radroute, die ab der Brücke bis nach Schwalheim der Wetter durch ihr malerisches, schmales Tal folgt.
Knapp 200 Meter flussab fließt der 8,8 Kilometer lange Riedgraben von Westen in die Wetter.

Altes Rathaus Oppershofen

Erst vor einigen Jahren im Zuge der Dorferneuerung liebevoll neugestaltet, präsentiert sich das alte Rathaus von Oppershofen als würdiger Ortsmittelpunkt. Es stammt aus den Jahren 1725 – 1729 und ist ein zweigeschossiger Fachwerkbau mit einem Krüppelwalmdach, direkt an der Einmündung der Södeler Straße in die Hauptstraße. Der Erker auf der Hauptstraßenseite trägt ein Wappen und eine Statue des Ortsheiligen Bardo, die auf das Jahr 1750 datiert. Oberhalb des Rathauses schließt sich die „Bitz" an, ein langer, schmaler Platz, den früher fahrende Händler für ihre Geschäfte nutzten.

Katholische Kirche St. Laurentius

Oberhalb des Rathauses in der Södeler Straße befindet sich die katholische Pfarrkirche St. Laurentius. Sie steht auf einer Geländeterrasse über dem Wettertal auf der Fläche eines aus dem 17. Jahrhundert stammenden Vorgängerbaus. Die Kirche wurde 1827-29 errichtet und besteht aus einem gestreckten, klassizistischen Saalbau mit eingestelltem Frontturm im Westen und einer halbrunden Apsis im Osten. Im Innenraum sind mehrere barocke Heiligenstatuen des 18. Jahrhunderts zu sehen. Die zwei barocken Beichtstühle kamen nach der Auflösung von Kloster Arnsburg nach Oppershofen. Auf dem Kirchhof befinden sich ein barockes, steinernes Taufbecken und barocke Grabmäler.

Naturschutzgebiet „Wingertsberg" ❻

Östlich von Wetter und Steinfurther Straße steigt das Gelände am südlichen Ortsrand deutlich an, ist teilweise nach Süden geneigt, was den Berg zu einer idealen Lage für den Weinanbau macht. Genau darauf deutet auch der Name des kleinen Naturschutzgebiets hin mit dem die artenreichen Flächen für seltene Tier- und Pflanzenarten sichergestellt sind: Wingertsberg bei Oppershofen. Auf 2,5 Hektar wechselt hier der geologische Untergrund auf engstem Raum und bestimmt damit die Ausprägung des Trockenrasens. Da sich der Standort für den Ackerbau nie eignete, entwickelte sich hier ein typisches Streuobstgebiet.
Der Wingertsberg war der Weinberg des Zisterzienserinnenklosters Marienschloss in Rockenberg. An der Westflanke befand sich ein Tonschiefer-Steinbruch. Die Graslilie ist eine besondere Pflanzenart des Gebiets und ziert auch im Logo die Schautafel vor Ort.

Laubfrosch

Naturschutzgebiet „Breitwiesen" 7

Auch die Nonnenmühle, unterhalb von Oppershofen, befand sich einst im Besitz des Nonnenklosters Marienschloss, worauf auch der Name schließen lässt. Hier ist noch eines der Mühlräder erhalten. Während die Wetter bis zum westlichen Talrand zieht, verläuft der Mühlbach ein Stück parallel zur Landesstraße 3134, macht schließlich in spitzem Winkel einen Bogen und läuft gerade nach Westen, um zurück in die Wetter zu fließen. Entlang dieses graden, von Ost nach West verlaufenden Stücks Mühlbach, liegt auch die nördliche Abgrenzung des nächsten Naturschutzgebiets. Die „Breitwiesen bei Steinfurth und Oppershofen" mit einer Fläche von 16 Hektar befinden sich etwa zur Hälfte in der Oppershofener und der Steinfurther Gemarkung. Eine typische Grünlandaue mit Feuchtwiesen, Hochstaudenfluren und Röhrichten sowie Kleingewässern. Flutmulden

Nonnenmühle unterhalb von Oppershofen

Blaukehlchen

wurden als Naturschutzmaßnahme neu angelegt, um zusätzliche Feuchtflächen mit flachen Ufern zu schaffen. Watvögel kommen zur Nahrungssuche vorbei, das Blaukehlchen fühlt sich hier wohl und auch der kleine, grüne Laubfrosch lässt wieder seine lauten „egg-egg"-Rufe hören.

Die Landschaftspflege übernehmen Hochlandrinder, urwüchsige Viecher, mit riesigen Hörnern und einem zotteligen Fell. Vom Körperbau eher kompakt und relativ klein, kommen sie optimal auch mit harten Witterungseinflüssen klar, können das ganze Jahr im Freien verbringen. Die aus Schottland stammenden Tiere sind so genügsam, dass sie auch mit hartem und sogar welkem Gras vorlieb nehmen.

Wiesen und Weiden zwischen Oppershofen und Rockenberg

Die Wetter unterhalb von Oppershofen

In Steinfurth dreht sich alles um die Rose

Steinfurth

Richtung Steinfurth wird das Tal der Wetter immer enger, ist von hier bis Schwalheim recht schmal und beschaulich, beinahe wie eine eigene Welt. Und während Wisselsheim und Rödgen ein bisschen im Schatten ihrer Nachbarorte stehen, kommt Steinfurth bunt und weltberühmt daher. Kaum jemand, der bei Nennung des Ortsnamens nicht sofort an Rosen denkt, die hier tiefrot, cremefarben, altrosa, apricot und manchmal sogar mehrfarbig auf allen Feldern, entlang der Straßen, in den Höfen und an einigen Fassaden zu sehen sind. Alles scheint sich nur um die vielgestaltigen Gehölze zu drehen. Seit 1868 die erste deutsche Rosenbaumschule in Steinfurth gegründet wurde, ist der Ort das Rosendorf der Wetterau.

Schon Ende des 19. Jahrhunderts gab es hier 50, auf dem Höhepunkt um 1970 gar 210 Rosenanbaubetriebe, die jährlich

Schaugarten der Rosen-Union

zwischen 12 und 14 Millionen Rosenpflanzen produzierten und damit 40 Prozent aller deutschen Rosen lieferten. Auch heute noch sind knapp 40 Betriebe in Steinfurth in diesem Sektor tätig.

Ein Höhepunkt für alle Rosenliebhaber ist das alle zwei Jahre (in Jahren mit gerader Zahl) stattfindende Rosenfest, das bis zu 40.000 Besucher in den 2.800 Einwohner zählenden Bad Nauheimer Ortsteil zieht. Krönende Abschlussveranstaltung ist dann der Rosenkorso mit über 70 Zugnummern, darunter auch ein Prunkwagen der mit mehr als 500.000 Rosenblüten geschmückt wird.

Wer nicht bis zum nächsten Rosenfest warten möchte, kann jederzeit die Schaugärten besuchen, darunter auch den der Rosen-Union auf 6.000 Quadratmetern mit rund 10.000 Rosen in 300 Sorten.

Wie in einem Gemälde spiegelt sich die Brücke in Steinfurth auf dem Wasser.

Die Steinfurther Wetterbrücke

Der Impressionist Claude Monet hätte sie nicht schöner malen können, die alte Bruchsteinbrücke über die Wetter am nordwestlichen Ortsrand von Steinfurth. Von Norden betrachtet versteckt sich die Brücke zunächst hinter dem Laub der weit ausladenden Äste der Eschen. Nur ihr Spiegelbild auf dem Wasser verrät ihre Existenz. In der Mittagssonne leuchten dann ihre Basalt- und Sandsteinblöcke auf der nach Süden ausgerichteten Seite. Drei Bögen schlägt sie über das Wasser, um die beiden Ufer zu verbinden. Mit ihrem Bau im 18. Jahrhundert wurde eine kurze Verbindung Steinfurths zur Landstraße zwischen Butzbach und Friedberg hergestellt. Seit dem 19. Jahrhundert ist sie auch die Verbindung zu dem westlich der Wetter neu angelegten Friedhof.

Das Steinfurther Rosenmuseum

Das Rosenmuseum

Weltweit einmalig ist das Rosenmuseum, das aus dem bereits 1974 gegründeten Heimatmuseum hervorgegangen ist. Heute steht es in regem Austausch mit Rosenfreunden in England, Frankreich und Bulgarien, um Wissen und Kunstwerke auszutauschen. In der Ausstellung gibt es neben künstlerischen Darstellungen auch Einblicke in die Natur- und Technikgeschichte. Schon seit mehr als 2.000 Jahren wird die Pflanze kultiviert, bereits die Griechen und Römer schätzten sie. Eine wirtschaftliche Bedeutung kommt ihr nicht nur als Zierpflanze zu, sondern auch als Lieferant von Rosenöl für die Parfümindustrie oder Rosenwasser zur Herstellung von Marzipan und Lebkuchen.
Untergebracht ist das Rosenmuseum im ehemaligen Rathaus, das im wahrsten Sinne des Wortes eine „bewegte" Geschichte hat. Der Fachwerkbau aus dem späten 18. Jahrhundert stand nämlich zunächst an der Saline bei Wisselsheim. Nach deren Schließung wurde das Gebäude verkauft und in Steinfurth wieder aufgeschlagen.

Rosensaal

Die Wetter unterhalb von Steinfurth

Evangelische Kirche Steinfurth

Einen architektonischen Mittelpunkt gibt die spätgotische, evangelische Kirche an der Ortsdurchfahrt. Sie wurde Ende des 15. Jahrhunderts errichtet, im Dreißigjährigen Krieg zum Teil zerstört und anschließend verändert wieder aufgebaut. Äußerlich ein schlanker, langer Bau mit einem dominanten Westturm, der in der Zeit des Barock seine heute achteckige Haube erhielt. Bei einer 1970 vorgenommenen Restaurierung wurde das Innere erheblich verändert, das Gestühl mit Schnitzereien sowie viele der von hölzernen Stützen getragenen Emporen verschwanden, die Orgel bekam einen neuen Platz zugewiesen.
Im Innenraum der Kirche ist ein barockes Prunkgrabmal des Freiherren Georg Philipp von Löw zu Steinfurth von 1712 zu sehen. Weitere Grabmäler dieses ortsansässigen Adelsgeschlechts stammen aus dem 15. und 16. Jahrhundert. Auch auf dem Kirchhof, der im Süden noch von einer alten Bruchsteinmauer umfasst wird, sind Grabmäler dieser Familie zu sehen.

Der Rosensaal

Mit dem Rücken zur Wetter steht am südöstlichen Rand von Steinfurth der Rosensaal. Ein Saalbau, der bereits vor dem Ersten Weltkrieg auf Initiative der örtlichen Rosenbauer errichtet wurde und seither zu festlichen Zwecken und Ausstellungen genutzt wird. Das mittlerweile als Kulturdenkmal ausgewiesene Gebäude gilt als Dokument des Steinfurther Rosenanbaus und fällt durch den besonderen Baustil auf. Ein länglicher Grundriss, ausgestattet mit einem Walmdach und einer Art Vorbau zur Hauptstraße hin. Der Saal im Inneren ist auf drei Seiten von hölzernen Emporen umgeben.

Die Salzwiesen von Wisselsheim mit Storchennest

Wisselsheim

Schnurgerade fließt die Wetter heraus aus Steinfurth in Richtung Wisselsheim weiter. Zwischen den Orten fallen immer wieder Gräben mit dichtem Schilfbestand auf. Mit dem Riedgraben – rund 200 Meter bevor die Kreisstraße 173 auf ihrer östlichen Seite von Wald begleitet wird – beginnt das langgezogene, bis nach Wisselsheim reichende Naturschutzgebiet „Salzwiesen von Wisselsheim". Am Waldrand befindet sich ein kleiner Parkplatz, daneben der Sauerbrunnen, dessen schwach sprudelndes Mineralwasser seit der Instandsetzung der Brunnenstube wieder zum Genuss bereit steht, die vierteljährlichen Untersuchungen des Wassers gaben bislang keinen Grund zur Beanstandung. Eine willkommene Erfrischung also bei der Erkundung der Wetter.

Naturschutzgebiet „Salzwiesen" 8

Eingequetscht in dem schmalen Tal zwischen Bahnlinie und Wald liegt das Naturschutzgebiet „Salzwiesen von Wisselsheim" mit gut 23 Hektar Fläche. Die Gräben sind von dichten Schilfbeständen geprägt, in denen die Rohrammer zu beobachten ist. Viele Grünlandflächen werden mit Pferden beweidet, Schafstelzen sind auf Futtersuche und gelegentlich hält ein Braunkehlchen Ausschau auf einem der Weidezaunpfähle.
Das 1982 ausgewiesene Naturschutzgebiet ist geprägt von zahlreichen Quellen, an vielen Stellen tritt salzhaltiges Wasser an die Oberfläche, zeigt sich deutlich an der rostigen Verfärbung des Bodens und der sich rund um diese Austritte verändernden Pflanzendecke. Hier hat sich eine Halophytenvegetation eingestellt, also Pflanzen, die gut mit dem Salzgehalt zurechtkommen. Meist Arten, die sonst eher eine Heimat an der Nordseeküste finden.

Braunkehlchen

Sumpflöwenzahn

Kiebitz

Und noch eine botanische Besonderheit gibt es in diesem Naturschutzgebiet: Den gemeinen Löwenzahn kennt jeder und insbesondere in Gärten wird ihm oft zu Unrecht nachgestellt. Neben dieser sehr häufigen Allerweltsart gibt es aber auch noch einige sehr seltene Arten, wie beispielsweise den Sumpf-Löwenzahn. Sein Vorkommen ist auf sehr wenige Standorte beschränkt. Während er in weiten Teilen Deutschlands als ausgestorben gilt, ist er mit letzten Exemplaren noch an der Wetter, in den Naturschutzgebieten „Salzwiesen von Münzenberg" und „Salzwiesen von Wisselsheim" zu finden. Hinter dem Begriff Sumpflöwenzahn verbergen sich mehrere unterscheidbare Arten, wie der „Deutsche Löwenzahn", der „Holländische Sumpflöwenzahn", der „Krummholz-Sumpflöwenzahn" und der „Reichschuppige Sumpflöwenzahn". Damit ist der Sumpflöwenzahn ein Beispiel dafür, wie viele Arten oft unbemerkt bleiben und damit vielleicht auch schon unbemerkt aussterben, bevor sie überhaupt entdeckt werden.
Die „Salzwiesen von Wisselsheim" sind für Zugvögel von großer Bedeutung, die im Gebiet gerne eine Rast einlegen, um Nahrung aufzunehmen. In den letzten Jahren konnten Flutmulden, flache Stillgewässer, angelegt werden, um das Nahrungsangebot für Zugvögel, aber auch für den hier lebenden Kiebitz zu verbessern.
Das am nördlichen Gebietsrand aufgestellte Storchennest ist seit 2009 besetzt, allerdings blieb zunächst der Bruterfolg aus. Seit 2013 gibt es Nachwuchs, bislang jährlich zwei Jungstörche.
Für die Salzquellen ist seit dem 16. Jahrhundert die Salzgewinnung belegt, um 1830 wurde der Salinenbetrieb wieder aufgegeben. Teile der Gradierwerke aus Wisselsheim wurden nach Nidda-Bad Salzhausen verkauft, ein Fachwerkgebäude ging nach Steinfurth, wo es wieder aufgeschlagen heute das Rosenmuseum beherbergt.

Geköpfte Schönheiten am Wetterufer

An vielen Stellen entlang der Ufer der Wetter haben sich noch einige Zeugen eines längst aufgegebenen Handwerks erhalten. Als Rohstoffquelle für die Korbflechterei wurden Weidenäste in die Ufer gesteckt. Hatten diese eine entsprechende Größe erreicht, wurden regelmäßig die Kronen ausgeschnitten. Die jungen, dünnen Äste der Weiden sind biegsam und leicht zu flechten. Der Stamm blieb stehen, wuchs immer dicker, die Äste wurden ausgeschnitten. An der Schnittstelle entwickelte sich ein dicker Kopf, weshalb die Bäume auch Kopfweiden genannt werden. Eigentlich ein Kunstprodukt des Menschen, dennoch ein kleiner Kosmos, an den sich viele Vogel- und Insektenarten angepasst haben. In ganz alten Kopfweiden, bei denen die Schnittstellen bereits zu Höhlen ausgefault sind, finden neben Meisen auch der Steinkauz oder Fledermäuse einen Brut- oder Schlafplatz.
Jahrhunderte lang lieferten solche Weiden den Rohstoff für die Korbflechter. Mit der Verbreitung des Kunststoffs stirbt nicht nur dieser Berufsstand aus, auch die Kopfweiden überaltern zusehends und verschwinden von den Flussufern. Am Wetterufer in Wisselsheim sind daher nur noch morsche Exemplare zu sehen, die nicht selten nur noch von einer Stammseite getragen werden.

Evangelische Kirche Wisselsheim

Ein schönes, altes und kleines Gebäude ist die evangelische Kirche in Wisselsheim. Sie ist am östlichen Ortsrand zu finden, umgeben vom Friedhof. Die gotische Kirche weist einen rechteckigen Grundriss auf, die Inschrift des nach Westen ausgerichteten, spitzbogigen Portals datiert auf das Jahr 1550. Nicht sicher ist, ob dies der Zeitpunkt der Errichtung oder einer Erneuerung ist. Wehrhaft muten die nach Norden und Osten reichenden, geböschten Strebepfeiler an. Der Innenraum wird von drei Kreuzgratgewölben getragen. Sowohl innen wie außen sind historische Grabmäler zu sehen.

Kopfweide an der Wetter vor Wisselsheim

Die Wetter oberhalb von Wisselsheim

Rödgen

Mit einigen engen Mäandern schwingt sich die Wetter weiter in Richtung Rödgen. Vor dem Ort befand sich vor über 2.000 Jahren einmal für kurze Zeit ein römisches Militärlager, von dem keine oberirdischen Spuren erhalten sind. Entdeckt wurde das 3,3 Hektar große Versorgungslager 1960 beim Bau der Schule in Rödgen.

Am Ortseingang befand sich die Holzmühle, deren Betrieb schon zu Beginn des 20. Jahrhunderts eingestellt wurde. Hier entstanden gewerblich genutzte Werkhallen. Eine „Dampf-Wäscherei" wurde eingerichtet, anschließend folgten eine Mosterei und später ein Metall verarbeitender Betrieb. Dennoch ist der Kern der aufgegebenen Mühle als Kulturdenkmal ausgewiesen: Das umgebende Gelände mit Mühlgraben, die an der Wetter gelegenen Wiesen sowie das Wohnhaus sollen als kleine Gesamtanlage erhalten werden.

Denkmalgeschützt ist auch die einbogige Bruchsteinbrücke, die von der Rathausstraße über die Wetter aus dem Ort in Richtung Schwalheim herausführt. Sie schneidet eine der vielen Wetterschleifen, um auf kürzestem Weg in den Nachbarort zu gelangen.

Hier ist auch das Revier einer kleinen schwimmfähigen Vogelart, der Wasseramsel. Auffällig am schwarzbraunen Gefieder und dem großen, weißen Kehlfleck zu erkennen. Sie kann bis zu 1,50 Meter tief tauchen und zwanzig Meter Strecke unter Wasser zurücklegen, um dort nach Nahrung zu suchen. Die Art ist ideal an das Leben im Wasser angepasst, hat ein dichtes Gefieder, das zusätzlich mit einem Sekret aus der Bürzeldrüse imprägniert wird.

Brücke am Ortseingang von Rödgen

Schwalheim

Sie windet sich um die Anhöhe herum nach Schwalheim und wird ihr das Arbeiten auf der Mühle und der Gang nach Dorheim immer saurer. Von dort führt sie der Weg durch die Markwiese nach Ossenheim, wo sie sich abermals auf kurze Zeit in die Mühle verdingt.

Nach Rödgen macht die Wetter erst einmal einen großen Bogen nach Osten und dann einen beinahe gleichgroßen nach Westen. In diesem zweiten Bogen liegt der Ort Schwalheim. Der alte Ort wird einmal komplett von der Wetter umflossen. Welche Rolle diese strategisch günstige Lage in der Flussschleife einnahm, ist nicht übermittelt. Dafür gibt es am Scheitelpunkt des Wetterbogens Spuren, die auf eine andere Form eines Wehrbaus hinweist.

Der Gewanneküppel

Eine ungefähr runde Erdaufschüttung auf der westlichen Seite der Schwalheimer Wetterschleife könnte der Rest einer ottonischen Wohnburg aus Holz gewesen sein. „Gewanneküppel" heißt der mit Gras und ein paar Bäumen bewachsene Erdhügel. Wahrscheinlich handelt es sich um den Unterbau einer Niederungs- oder Turmhügelburg, auch Motte genannt, wie sie am Übergang vom Früh- zum Hochmittelalter durchaus üblich war. Diese Burg hatte die Aufgabe, den Wetterübergang an der Salzstraße von der Nauheimer Saline über Echzell bis in den mitteldeutschen Raum zu sichern und um Wegezoll erheben zu können. Die Erdaufschüttung hat einen Durchmesser von 40 Metern und war früher vier Meter hoch. Darauf stand auf steinernem Untergeschoss eine Fachwerkkonstruktion. Die Motte war neben einem doppelten Palisadenzaun noch durch einen vorgelagerten Wassergraben und einen Wall geschützt. Der Wassergraben soll sogar bis ins 19. Jahrhundert bestanden haben, bevor er verfüllt wurde. Lange bestand die Burg nicht,

Das Schwalheimer Rad trieb früher eine Pumpe an, die Sole auf die Gradierbauten in Bad Nauheim förderte.

schon bald wurde die Handelsstraße auf die andere Flussseite verlegt, womit die Burg an Bedeutung verlor. Entgegen vieler anderer Standorte ersetzte nie eine steinerne Nachfolgeburg den hölzernen Altbau.
Heute informiert eine Schautafel des Stadthistorischen Rundgangs über die Geschichte dieses Standortes.

12 PS mit der Wasserkraft der Wetter

Von der ehemaligen Motte nur ein kleines Stück flussaufwärts dreht sich ein riesiges, hölzernes Wasserrad mit der Kraft der Wetter. Das Schwalheimer Rad ist ein sogenanntes „Mittelschlächtiges Wasserrad" aus den Jahren 1745-1748. Bei dieser Konstruktion wird das Wasser zum Antrieb etwa auf halber Höhe über das Rad geleitet. So wurde früher die beachtliche Leistung von 12 PS auf das fast 900 Meter lange Gestänge gebracht, das in Bad Nauheim eine Pumpe antrieb. Diese sorgte

Das ehemalige Wohnhaus für den Wärter des Pumpwerks

dafür, dass die Sole auf die Salinen rieselte. Damit unterstützte das Schwalheimer Pumpwerk das Windrad und das Wasserrad an der Usa, die ebenfalls Hebewerke für die Sole antrieben.
Direkt neben dem Schwalheimer Rad steht das im selben Zeitraum erbaute Wohnhaus für den Wärter des Pumpwerks.
Das Pumpwerk blieb bis in die 1960er Jahre in Betrieb, anschließend wurden große Teile des Gestänges abgebaut.

Salzgewinnung und Salzwanderweg

Früher die Salzstraße, heute der Salz-Wanderweg – das „weiße Gold" verbindet das Wettertal mit dem Kurort Bad Nauheim. Die Geschichte reicht fast 2.500 Jahre zurück, damals haben die Kelten die ersten Salinen angelegt. Die Region stieg auf zu einem bedeutenden Wirtschaftszentrum, in dem bald nicht nur Salz gewonnen, sondern auch Güter wie Glasschmuck produziert wurden. Von der Zeit der Kelten ist heute in Bad Nauheim nichts mehr zu sehen. Dennoch wurden bei Ausgrabungen die

Das Pumpengestänge führte von Schwalheim bis Bad Nauheim.

bedeutendsten eisenzeitlichen Funde Mitteleuropas gemacht. Zu Tage kamen umfangreiche Anlagen zur Salzgewinnung, keltische Salinen, große mit Ton ausgekleidete Gradierbecken, langovale Öfen, um in Siedegefäßen die Sole zu erhitzen und das Wasser zu verdampfen. Außerdem steingepflasterte Arbeitsplattformen und viele andere Fundstücke, die das Leben und Arbeiten der keltischen Söder dokumentieren.

Im großen Stil kam die Salzgewinnung erst im 3. Jahrhundert vor Christus in Gang, zu spät also um in Zusammenhang mit dem Reichtum des Keltenfürsten vom Glauberg gebracht zu werden. Dessen Fürstensitz war zu dieser Zeit bereits untergegangen.

In römischer Zeit kam die Salzgewinnung zum Erliegen und wurde erst wieder um 650 nach Christus aufgenommen.

Das Salzwasser hat einen Salzgehalt von zwei Prozent. Um daraus festes Speisesalz herzustellen, wurde das Salzwasser auf die kilometerlangen Gradierwerke gepumpt. Bei jedem Herabrieseln verdunstete etwas Wasser. Die so konzentrierte Sole wurde in die Saline gepumpt, in Siedepfannen solange erhitzt, bis Salzkörner kristallisierten. Die Produktion wurde erst 1959 eingestellt.

Zu mondänem Glanz kam Nauheim mit der Eröffnung des ersten Bades im Jahr 1835 und dem Aufstieg zum Hessischen Staatsbad. Sprudelhof und Trinkkuranlage gehören heute zu den herausragenden Baudenkmälern des deutschen Jugendstils. Die Gradierbauten an der Usa lassen durch Zerstäubung der Sole „Meeresluft" entstehen, heute noch zu erleben im begehbaren Gradierbau I.

Auf 2,4 Kilometer führt der Rundweg „Salz und Sole" durch den Kurpark, er beginnt an den Kolonnaden, führt weiter durch die Trinkkuranlage und hat neun Infotafeln, die über die Salzgewinnung seit den Kelten informieren.

Eine längere Variante ist der Salz-Wanderweg mit 12,3 Kilometern, ausgeschildert mit blauem „S" auf weißem Grund. Er verläuft durch den Sprudelhof, vorbei am Solegraben und den Gradierbauten zum Schwalheimer Rad, den Salzwiesen und der ehemaligen Saline Wisselsheim und zum Salinengebäude am Goldstein.

Weitere Informationen: www.wandern-bad-nauheim.de

Evangelische Kirche Schwalheim

Evangelische Kirche Schwalheim

So wie der Bogen der Wetter Schwalheim umgreift, genauso verläuft auch die Schwalheimer Hauptstraße als Bogen im Wetterbogen. Ungefähr am Wendepunkt der Straße auf der Innenseite der Kurve liegt die evangelische Kirche, in den Jahren 1849 – 1851 als reformierte Peterskirche erbaut. Die Kirche besticht durch ihr aus Naturstein errichtetes Mauerwerk, ein Portal aus rotem Sandstein, die Flächen mit Basaltsteinen. An den schlanken Frontturm schließt sich ein helles, einräumiges Kirchenschiff mit angrenzender Sakristei an. Die Innenausstattung ist schlicht gehalten, der Altar im Westen und der Orgelprospekt gegenüber, auf der dreiseitig umlaufenden Empore. Die hölzernen Sitzbänke stammen noch aus der Bauzeit der Kirche.

Die Schwalheimer Brunnen

Wer in Schwalheim leere Getränkeflaschen mit sich rumschleppt, hat nicht unbedingt im Sinn, das Pfand einzulösen. Viele pilgern zu den öffentlichen Mineralwasserbrunnen am Ortsrand in Richtung Dorheim. Direkt neben dem Brunnenwärterhäuschen befinden sich die Löwenquelle und der Sauerbrunnen. Daran schließt sich ein kleiner Obstgarten mit seltenen Sorten, Zieräpfeln und Mispeln an.
Münzfunde belegen, dass die Brunnen auch schon von Römern genutzt wurden. Zeitweise wurde in der Neuzeit eine intensive Bewirtschaftung der Trinkquelle betrieben, die sich später auf den benachbarten Dorheimer Germania-Brunnen verlagerte.
Der Sauerbrunnen ist 1927 neu gefasst worden. Die direkt angrenzende Löwenquelle wurde 1903 erbohrt und erhielt vor dem 1. Weltkrieg ihren Pavillon. Das älteste noch vorhandene Gebäude auf dem Gelände ist das Brunnenwärterhaus aus dem 18. Jahrhundert. Weitere Betriebsgebäude des ehemaligen Mineralbrunnens sind abgebrochen, heute dominiert ein parkartiger Baumbestand das Gelände.

Der Sauerbrunnen, dahinter das Brunnenwärterhaus

In dem Park am Brunnenwärterhaus befindet sich ein kleiner Obstgarten, darin wächst unter anderem die Mispel.

Die Wetter in Dorheim

Dorheim

Von Westen kommend fließt die Wetter hinein nach Dorheim, durchquert den gesamten Ort etwa mittig und knickt im rechten Winkel nach Süden ab, um dann weiter Richtung Bauernheim zu fließen.

Die Dorheimer Wasserburg

Für Dorheim hatte die Lage an der Wetter eine strategische Bedeutung, davon zeugen noch die Reste einer ehemaligen Wasserburg im Zentrum des heutigen Ortes in der Straße „Auf dem Biek". Die Familie Wais von Fauerbach errichtete die Wasserburg im 13. Jahrhundert. Um 1500 entstand ein Neubau, 1775 musste schließlich das Burghaus weichen und dem bis heute erhaltenen spätbarocken Herrenhaus Platz machen. Zwischenzeitlich auch mal als Pfarrhaus genutzt, ist es nun in privatem Besitz.

Zu sehen sind von der mittelalterlichen Burganlage noch große Teile der vorderen Ringmauer, zwei Flankentürme und Reste des ehemaligen ausgemauerten, inneren Grabens.

Dorheimer Kirchen

In Dorheim gibt es drei Kirchen, zwei davon werden noch genutzt, die dritte ist ein Zeugnis der Kirchenspaltung nach der Reformation. An vielen Orten gab es nämlich nicht nur eine evangelische Kirchengemeinde, sondern gleich mehrere, die sich nicht immer einig waren, wie der Gottesdienst zu halten ist. Diese Differenz führte nicht selten zu Streitigkeiten, wer wann die örtliche Kirche nutzen darf, meist mussten die Zeiten abgestimmt werden, was nicht immer gelang. Auch in Dorheim gab es neben der reformierten eine lutherische Glaubensgemeinschaft, die Mitte des 18. Jahrhunderts eine eigene kleine Kirche im Schulweg baute. Nach der Kirchen-Union, wurde das Gebäude überflüssig und ab 1822 als Schulhaus genutzt. Heute befinden sich darin Wohnungen.

Die älteste Kirche am Ort ist die evangelische Pfarrkirche in der Straße „Zur Kirche". Diese steht auf den Resten einer gotischen Kirche, die während des Dreißigjährigen Kriegs zerstört wurde. Nach notdürftigen Reparaturen bekam die Kirche schließlich 1726 ihre heutige Gestalt: In Basalt-Bruchstein gemauert, mit Stürzen und Laibungen aus Sandstein sowie einem mit kleiner Haube abgeschlossenen Glockenturm. Die ursprüngliche Bruchsteinmauer um den Kirchhof ist weitgehend erhalten geblieben, entlang der Außenwand sind barocke Grabmäler aufgestellt.

Nach dem zweiten Weltkrieg kam mit den Heimatvertriebenen auch die katholische Konfession nach Dorheim. In der Carl-Pfeffer-Straße wurde 1954 die katholische St. Anna Kirche errichtet.

Der Dorheimer Streifling

Nordwestlich von Dorheim, jenseits der Bundesstraße 455 erstreckt sich ein größeres Streuobstgebiet. Zahlreiche alte, hochstämmige Apfelbäume sind dort noch erhalten, bieten Lebensraum für Steinkauz, Grünspecht und zahlreiche andere Tier- und Pflanzenarten. Streuobstwiesen sind nicht nur der artenreichste Lebensraum in der Kulturlandschaft, sondern auch die genetische Reserve jahrhundertelanger Kulturleistungen des Menschen. Durch Züchtung entstanden Obstsorten, die dem jeweiligen Standort ideal angepasst, mit den klimatischen Bedingungen und dem Boden gut zurecht kamen und damit sicherer Lieferant wertvoller Vitaminreserven waren. Von diesen lokalen Apfelsorten gab es in Deutschland einmal mehr als 1.500. Eine davon ist der „Dorheimer Streifling". Letztmals 1944 gesichtet, galt die Sorte lange Jahre als verschollen. Dem NABU Friedberg ist es zu verdanken, dass erstmals im Herbst 1995 wieder drei Bäume mit dieser Apfelsorte gefunden werden konnten. Bis jetzt wurden insgesamt acht Altbäume identifiziert. Durch Vermehrung und Nachpflanzung wird jetzt der Bestand gesichert. Der lebhaft gestreifte, mittelgroße Apfel ist übrigens auch noch sehr schmackhaft, hat einen feinen Duft und ein ausgeglichenes Zucker-Säureverhältnis.

Renaturierung der Wetter

Auf einer Länge von 270 Metern konnte die Wetter im Spätsommer 2015 in Dorheim renaturiert werden. Damit erhält der Fluss, der in der Ortslage stark begradigt ist, wieder mehr natürliche Strukturen. Durch Einbindung ehemaliger Gartenparzellen hat die Wetter wieder mehr Raum bekommen, Steilufer sind nun flacher, so dass Amphibien leichter zwischen Wasser und Land wechseln können. Buhnen und Leitwerke sorgen für unterschiedliche Strömungsgeschwindigkeiten und sogenannte „Geschiebedepots" liefern künftig Kiese und Geröll, mit dem die Strömung des Flusses arbeiten kann. Diese sind auch für die Kleinlebewesen im Gewässer sowie für die Fischbrut lebensnotwendig.

Naturschutzgebiet „Am Hechtgraben" ❾

Östlich von Dorheim breitet sich die Auenlandschaft von Wetter und einem ihrer Zuflüsse, dem 1,5 Kilometer langen Hechtgraben aus. Das Grünland reicht bis an den Ort heran, nach Osten steigt das Gelände stark an, ist vorrangig mit Streuobst und Hecken bewachsen.

In der Grünlandaue befindet sich das zwölf Hektar große Naturschutzgebiet „Am Hechtgraben bei Dorheim". Die sehr sel-

Naturschutzgebiet „Am Hechtgraben bei Dorheim"

Flachwasserteich im Naturschutzgebiet

Trollblume

Prachtnelke

ten gewordenen Pfeifengraswiesen haben sich hier bei extensiver Mahd erhalten. Die Flächen sind feucht, teilweise sogar anmoorig. Prachtnelken und Trollblumen blühen in den Wiesen. Die selten gewordene Trollblume ziert auch das Logo des Naturschutzgebiets, das auf den Schautafeln abgebildet ist, die die wichtigsten Arten und Lebensräume darstellen.
Seinen Namen hat der kleine Bach wahrscheinlich von den Hechten, die früher einmal in den überfluteten Wiesen laichten. Die Jungfische schwammen über die Gräben zurück in die Wetter, was nach der Regulierung des Hechtgrabens und der Wetter sowie der Trockenlegung weiter Teile der Aue kaum mehr möglich ist.
Noch bis 1900 war der Hechtgraben ein mäandrierender Bach mitten in feuchten Wiesen, die bis etwa 1970 beinahe jeden Winter für mehrere Monate überstaut waren. Bei entsprechenden Wintertemperaturen fror die riesige Wasserfläche zu, so dass es bequem möglich war, per Schlittschuh bis rauf nach Rödgen oder flussab nach Ossenheim zu gelangen.
Erst mit der Ausweisung als Naturschutzgebiet konnte die Trockenlegung der Aue gestoppt werden, seither sind einige Flachwasserteiche und Grabentaschen neu angelegt worden. Hier tummeln sich wieder zahlreiche Amphibienarten, Libellen kommen zur Eiablage und Wiesenvögel erfreuen sich an dem so geschaffenen Nahrungsangebot. Um auch den Eisvogel anzusiedeln, wurde 2009 vom NABU Friedberg eine Brutwand angelegt.
Für eine naturschutzgerechte Pflege der Grünlandflächen sorgt das weidende Rotvieh.

Markwiesen zwischen Bauernheim und Dorheim

Bauernheim

Die Wetter nimmt den von Osten kommenden Hechtgraben auf, muss unter der Kreisstraße 171 hindurch und fließt etwa 400 Meter an der Ortslage von Bauernheim vorbei.
Ungefähr im Bereich der Einmündung des Hechtgrabens bis hinunter nach Ossenheim erstreckt sich ein weiteres Biberrevier. Der Nager hat seine Zahnabdrücke an einigen Weiden am Ufer hinterlassen und auch schon begonnen, auf halber Strecke einen Bau anzulegen.
Der Ort Bauernheim liegt mitten in der für die Wetterau typischen, weithin offenen Ackerlandschaft. Ein fließender Übergang durch Hecken, Obstwiesenbestände oder kleine Waldungen fehlt komplett. Die landwirtschaftliche Flächennutzung brachte dem Ort möglicherweise auch den Namen ein. Vielleicht leitet er sich aber auch aus dem Namen eines früheren

Omegaförmige Bögen macht die Wetter zwischen Bauernheim und Ossenheim

Grundherrn, des „Buro" ab. Als Siedlungsplatz wurde das Gebiet des heutigen Bauernheim schon in der Jungsteinzeit genutzt, auch hat es in der Zeit der Römer eine Villa rustica gegeben. Die urkundliche Ersterwähnung findet der Ort um 778 in einem Dokument, in dem die Kirche Bauernheim an ein Kloster verschenkt wird.

Die Kirche befindet sich am nordwestlichen Rand Bauernheims. Ein schmucker, kleiner Bau aus Bruchsteinen und in Fachwerk aufgesetztem Obergeschoss. Der Bau stammt im Kern aus der Zeit um 1300. 1847 wurde der Chor aufgrund mangelnder Standfestigkeit niedergelegt und über demselben Grundriss wieder aufgemauert. Im Mittelalter war die Bauernheimer Kirche eine Filiale der Sternbacher Kirche. Nach der Reformation wurde die Gemeinde kirchlich mit Ossenheim vereinigt.

Südlich von Bauernheim macht die Wetter bis nach Ossenheim besonders große Bögen, schließt teilweise ganze Landzungen in die Enge eines omegaförmigen Bogens ein. Sie fließt vorbei

Blick über die Wetter in die Markwiesen

an einer ebenen, großen Aue durch die grünlandgeprägten Markwiesen, in die seit 2011 der Storch zurückgekehrt ist und wo er seit 2013 erfolgreich seinen Nachwuchs großzieht.
Die Markwiesen waren früher ein wichtiger Heulieferant der Wetterauer Landwirte. Um die Erträge zu steigern wurde ein ausgeklügeltes Be- und Entwässerungssystem angelegt, um die Nährstoffe im Wasser der Wetter bei Hochwasser zur Düngung zu nutzen.

Große Flussschlingen zwischen Bauernheim und Ossenheim

Die Wetter unterhalb von Bauernheim

Am nordöstlichen Ortsrand von Ossenheim

Ossenheim

> *Eh‘ man sich’s versieht, geht sie mit einer guten Freundinn, die aus dem Nassauischen gebürtig und von Usingen über Friedberg gekommen war, heimlich fort zu Herrn Laubus, dem gerbelheimer Müller, bei dem sie beide Arbeit suchen und finden.*

An Ossenheim streift die Wetter nordwestlich vorbei. Der Ort ist bekannt für sein südöstlich auf einer Anhöhe gelegenes Wäldchen, in dem alljährlich am Dienstag nach Pfingsten der „Wäldchestag“ begangen wird. Wahrscheinlich der nördlichste Austragungsort dieses eigentlich für Frankfurt typischen Volksfestes. Der Ossenheimer Wäldchestag ist Vorbild des gleichnamigen Romans von Andreas Maier, der den Veranstaltungsort aber nach Nieder-Florstadt verlegt hat.

Evangelische Kirche Ossenheim

Evangelische Kirche Ossenheim

Nur knapp 100 Meter von der Wetter entfernt steht die kleine evangelische Pfarrkirche von Ossenheim. Sie wirkt schlank und spitz mit ihrem steilen Satteldach und dem sechsseitigen, aufgesetzten Turm mit Spitzhelm. Erstmals wird für Ossenheim im Jahr 734 eine Kirche erwähnt, die heutige stammt aus dem Jahr 1608. Sie ist Patronatsgemeinde des Grafen Solms-Rödelheim und Assenheim.

Bis 1845 diente der Kirchhof noch als Begräbnisstätte. Dort sind noch einige historische Grabmäler vermauert, zwei davon seitlich des Kirchenportals.

Die Usa bringt Kies aus dem Taunus mit

Der am westlichen Ortsrand gelegene Sportplatz wird regelmäßig unter Wasser gesetzt, wenn die benachbarte Wetter über die Ufer tritt. Dann hat er bisweilen den Anschein ein Wassersportplatz zu sein, hier wurden sogar schon bei Hochwasser Windsurfer gesichtet.

Nur 400 Meter weiter mündet die Usa nach 34 Kilometern Fließstrecke in die Wetter. Mit der Usa rollen Kiesel in die Wetter, die dem Gewässergrund eine andere Farbe geben. Nach dem graublauen Basaltgeröll aus dem Vogelsberg blitzen jetzt auch weiße Quarzitkiesel aus dem Taunus durch das Wasser. Die Usa entspringt westlich von Neu-Anspach, durchfließt das Usinger Becken, das Engtal der Münster-Maibach-Schwelle mit Grünlandflächen und bewaldeten Hängen und erreicht bei Ober-Mörlen eine sich abflachende, ackerbaulich genutzte Landschaft. Bis Ober-Mörlen ist sie relativ naturnah und kann noch regelmäßig die als Grünland genutzte Aue überschwemmen. Auf den letzten zehn Kilometern bis zur Mündung ist sie durch gewässerbauliche Eingriffe geprägt, die Aue nahezu vollständig ackerbaulich genutzt oder bebaut.

Nur 120 Meter nach der Usamündung kommt gerade, vom Taunusrand her, der 6,9 Kilometer lange Straßbach zugeflossen.

Unterhalb von Ossenheim mündet die Usa (im Bild links) in die Wetter.

Nach der Usa-Mündung leuchten deutlich sichtbar die weißen Quarzkiesel hervor.

Unterhalb der Usa-Mündung

Der Usatalradweg, hier bei Friedberg-Fauerbach, führt in den Taunus.

Links: Die Usa 500 Meter vor ihrer Mündung in die Wetter

Görbelheimer Mühle

Bruchenbrücken

Das Tal der Wetter beginnt sich zu verengen, auf den Anhöhen rechts und links des Flusses verlaufen zwei Bahnlinien, beide Seiten tragen Hecken, auf der östlichen Flanke auch Streuobstbestände.

Ein Kilometer vor der Ortslage von Bruchenbrücken steht die Görbelheimer Mühle, eine vorwiegend aus Backsteinbauten bestehende große Anlage. Die Wetter wurde vor dem Mühlrad angestaut, ein großes Wehr steht quer im Fluss. Eine Barriere für Fische und andere Wasserlebewesen. Daher erhielt das Wehr vor kurzem ein Umgehungsgerinne, eine Art Graben, durch den die Fische das Wehr umgehen und entgegen der starken Strömung aufsteigen können. Das ist wichtig für den genetischen Austausch unter den Fischen, aber auch wichtig für Arten, die oft sehr weite Strecken zurücklegen, wie die Meerforelle. Die erblickt in den Oberläufen von Flüssen wie der

Das Tal wird enger, an den Flanken wachsen Obstbäume.

Wetter oder der Nidda das Licht der Welt, wächst hier heran und schwimmt dann allmählich flussabwärts. Erst in den Main, dann in den Rhein und schließlich in die Nordsee. Dort wird sie erwachsen, wächst bis zur Geschlechtsreife heran, um sich dann schließlich zur Vermehrung wieder auf den weiten Weg zu machen bis in die Flussoberläufe, wo sie ablaicht. Das geht natürlich nur, wenn kein Hindernis, wie ein Wehr, im Weg steht.

Görbelheimer Mühle

Die Görbelheimer Mühle wird erstmals 1425 urkundlich erwähnt. Sie war eine Mahl- und Ölmühle, von den Isenburgern als Erbleihmühle verpachtet. Im 19. Jahrhundert geht sie in privaten Besitz über, erst danach entsteht der heute vorhandene Gebäudebestand aus Wohn- und Wirtschaftsgebäuden sowie die 1901 errichtete Villa. Nach Aufgabe des Betriebs zog es zahlreiche Künstlerinnen und Künstler in die Mühle, in der seit 1975 auch eine Galerie für zeitgenössische Kunst betrieben wird.

Mit jedem Hochwasser legt die Wetter Schwemmgut - darunter auch Äste von Weiden - an ihren Ufern ab.

Schon innerhalb weniger Wochen treiben die abgelegten Weidenäste aus, wachsen bald zu neuen Bäumen heran.

Wüstung Görbelheim

Die Mühle war Teil einer Siedlung, von der heute nur noch wenige Spuren zu sehen sind. Der Ort Görbelheim wurde nach den Bauernkriegen 1525 aufgegeben. Es heißt, die Bewohner seien „nach der Türkei, Ungarn oder der Ukraine" ausgewandert.
Die Siedlung befand sich südlich der Mühle, geblieben sind nur die Mühle selbst und eine sehr alte Linde. Die war vermutlich einmal die Dorflinde des untergegangenen Ortes und ist oben auf der Straßenböschung an der Westseite der Landstraße zu finden. Aufgrund ihres Alters und ihrer Größe wurde die Linde als Naturdenkmal ausgewiesen: Von Forstbiologen wird der Baum auf 500 Jahre geschätzt, sein Stammumfang misst mehr als zehn Meter. Bundesweit gibt es nur noch 40 Bäume gleichen Alters und in Hessen insgesamt fünf Linden, die diesen Stammumfang erreicht haben.
Auf einer Infotafel, die auf einem Basaltfindling angebracht ist, ist die Geschichte nachzulesen.
Rund 300 Meter flussabwärts und noch 2,9 Kilometer bis zur Mündung der Wetter in die Nidda befindet sich vor Bruchenbrücken die letzte der drei Pegelmessstationen der Hessischen Landesanstalt für Umwelt und Geologie. Die aktuellen Messwerte können im Internet abgerufen werden unter www.hlug.de und dann „Wasserstände" anklicken.

Fließgewässerdynamik beobachten

Ein Fließgewässer ist kein statischer Körper, vielmehr ist es dauernden Veränderungsprozessen unterworfen. Während ein begradigter, eingedeichter und mit Flussbausteinen befestigter Fluss (wie weite Strecken der Nidda) immer gleich bleibt, kann die relativ naturnahe Wetter ihr Gesicht verändern. Das macht sich positiv an der Anzahl der zu beobachtenden Tier- und Pflanzenarten bemerkbar.
Schon vor Bruchenbrücken – etwa am Fuß der kleinen, gebogenen Brücke die in die Aue führt – fällt das Schwemmgut an den Ufern auf. Kleine Weidenbruchstücke, die wieder austreiben und ihrer Existenz als Baum entgegenwachsen, punktuell ausgedehnte Bestände an Brennnesseln, Hopfen rankt in den

jungen Bäumen hoch. Im Fluss landen an den Uferabschnitten mit schwächerer Strömung Kiesfächer an, oft bilden sich daraus auch kleine Furten, auf denen man bei Niedrigwasser bis zur Mitte des Gewässers laufen kann.

Ältestes Bauerndorf der Wetterau

Die Wetterau ist eine der ältesten Kulturlandschaften Mitteleuropas. Wegen ihrer fruchtbaren Lössböden ist hier seit mindestens 7.000 Jahren der Mensch sesshaft, betreibt Ackerbau und Viehzucht. Den Beweis dafür lieferten Ausgrabungen, die im Bereich „Heidenstock" in Bruchenbrücken gemacht wurden. Dort befindet sich der älteste Fundplatz der Bandkeramik in Hessen, der auf etwa 5.300 vor Christus datiert. Die Bandkeramiker sind die erste Kultur, die sesshaft wurde. Sie lebten mit acht bis zehn Personen in Hütten aus Holz und Lehm. Diese frühe Siedlung bei Bruchenbrücken existierte ungefähr 175 Jahre. Damit kann sich Bruchenbrücken getrost das älteste Bauerndorf der Wetterau nennen.

Evangelische Kirche Bruchenbrücken

Um 1500 kam in Bruchenbrücken der Theologe und Reformator Erasmus Alberus zur Welt. Er war ein Schüler Martin Luthers und später unter anderem in Staden und Babenhausen Pfarrer. Aus seiner Feder stammen zahlreiche Gedichte, Fabeln und Kirchenlieder sowie seine Hommage an die Heimat, das „Lob der Wetterau". Nach dem berühmten Sohn des Ortes ist die evangelische Pfarrkirche benannt, die 1750 – 1751 erbaut wurde. Der Vorgängerbau war bei einem Sturm 1748 so stark beschädigt worden, dass er abgerissen werden musste. Grabungen ergaben, dass auch davor schon am selben Platz seit dem 7. oder 8. Jahrhundert eine Kirche gestanden haben muss, was eine frühe Besiedlung in nachrömischer Zeit belegt. Einige Historiker spekulieren gar, es habe hier in vorchristlicher Zeit eine Wasserkultstätte an der Wetter gegeben.

Der Kirchhof hat beim Ausbau der Durchgangsstraße im Westen Fläche an die Straße verloren, im Osten zur Wetter hin ist noch ein Teil der alten Ummauerung vorhanden. Auf dem Kirchhof stehen einige barocke Grabmäler.

Der Hopfen rankt in den Bäumen entlang des Flusses.

Kiesfächer entstehen an den Ufern der Wetter.

Bruchenbrücker Mühle

Mühle Bruchenbrücken

Über den Steg in Bruchenbrücken führt ein beliebter Spazierweg. Wer im Ortskern das passende Straßennamenschild findet, braucht nicht mehr nach dem Weg dorthin fragen: Die Straße „Zum Steg" ist die richtige. Vom Steg aus kann man den Blick über ein breites Bassin der Wetter schweifen lassen, hört das Wasser über das Wehr rauschen. Vor der Brücke steht eine Bank, von der aus der Höhenunterschied des Wassers im aufgestauten Bereich im Vergleich zum Ablauf sichtbar wird. Ein Graben führt einen Teil des aufgestauten Wassers an die Mühle.

Auch dieses Wehr ist mittlerweile mit einem Umgehungsgerinne ausgestattet, das es den Fischen ermöglicht, an dem unüberwindbaren Wehr vorbei zu gelangen.

Die Mühle steht an der nordöstlichen Ecke des alten Ortskerns von Bruchenbrücken. Seit der Mitte des 14. Jahrhunderts treibt hier die Wasserkraft der Wetter Mühlen an. Die Vorgängerin der jetzigen Mühle wurde 1776 errichtet und brannte 1879

Wehr an der Mühle in Bruchenbrücken

komplett aus. Ein Schicksal, das viele Mühlen teilen, kommen hier doch Reibungsenergie, Holzbauteile und Mehlstaub auf unheilvolle Weise zusammen. Beim Wiederaufbau entstand eine für die Zeit um 1900 typische Bauform in Backstein, wie sie auf der Reise entlang der Wetter schon an mehreren Stellen zu sehen war. Seit der Stilllegung der Mühle wird sie zu Wohnzwecken genutzt.

Moderner Hochwasserschutz

Die Lage unterhalb der Usa-Mündung macht Bruchenbrücken besonders anfällig für Hochwässer. Gleichzeitig können Flutwellen aus dem Taunus und aus dem Vogelsberg anrollen. Problematisch ist auch, dass der alte Ortskern tiefer liegt als die Oberkante des Gewässers. Im Hochwasserfall läuft der Ort daher voll wie eine Badewanne. Das passierte auch bei dem bislang größten Hochwasser im August 1981. Es kam zu erheblichen Schäden. In der Folge wurden Planungen angestellt,

die erst 27 Jahre später zur Umsetzung gelangten: Entlang des zum Ort hin gewandten Westufers der Wetter wurden hohe Hochwasserschutzmauern und Wälle errichtet. Unterhalb des Wehres wurde der Fluss sogar etwas vom Ort entfernt in ein neues Gewässerbett verlegt, das Alte dient weiterhin als Flutmulde zur Hochwasserentlastung. Der Hochwasserschutz ist auf Ereignisse ausgerichtet, die statistisch gesehen nur alle 100 Jahre einmal auftreten. Im Dezember 2009 fertiggestellt konnte er sich bereits mehrfach erfolgreich unter Beweis stellen – die Keller blieben trocken.
An einigen Kleingärten vorbei, unter der Brücke der Kreisstraße 239 nach Assenheim hindurch, verlässt die Wetter Bruchenbrücken. Vorher streift sie noch das Freizeitgebiet mit Sport- und Spielplatz sowie einem malerisch gelegenen Angelteich. Den suchen alljährlich im März auch hunderte von Erdkröten auf, um hier zu laichen. Dabei müssen sie die Kreisstraße queren, weshalb der NABU Niddatal einen Krötenzaun entlang der Straße aufbaut und regelmäßig kontrolliert.

Ein Umgehungsgerinne (der Bachlauf links, nicht die Betonröhre) führt am Wehr vorbei.

„Fischautobahn" - ein eigener kleiner Bachlauf parallel zur Wetter ermöglicht es den Fischen, am Wehr vorbei zu schwimmen.

Wetterbrücke in Bruchenbrücken mit Hochwassermarken.

Die Wetter in ihrem neuen, hochwassersicheren Flussbett.

Als Hochwasserschutz wurde das Ufer links aufgeweitet.

Rechts: Die Wetter am Ortsrand von Bruchenbrücken.

In Assenheim mündet die Wetter in die Nidda, im Bild von oben kommend.

Assenheim

Bei einem Gang über Bruchenbrücken um bei der hainauer Mühle einzusprechen, begegnete ihr vor dem freundlichen Städtchen Assenheim ein derber vogelsberger Landsmann. Was thut die Liebe nicht; zu was verleitet nicht die Landsmannschaft, zumal in fremder Gegend? Er hatte sich um das Städtchen herumgeschlichen und winkte so freundlich; sie folgte also gerne – und eh' man sich's versieht, sind beide ehelich verbunden auf ewig!

Unmittelbar hinter dem Bruchenbrücker Angelteich steigt das Gelände mit einer steilen Böschung an. Oberhalb erstrecken sich mit idealer Südlage die „Wingerten". Eine Flurbezeichnung, die bei der Reise entlang der Wetter schon wiederholt vorkam. Weinreben wuchsen auch hier und der berühmte Bru-

Zwischen Bruchenbrücken und Assenheim bildet die Wetter große Kiesinseln.

chenbrücker Erasmus Alberus scheint tatsächlich vor knapp 500 Jahren von dem Tröpfchen gekostet zu haben, denn er schreibt: „Assenheim ist dreier Herrn, Hanau, Solms, Eisenberg. Daselbst wächst auch gut Wein, und das Volk ist gottfürchtig." Was kann dem noch hinzugefügt werden?
Jedenfalls wurden auch in der Assenheimer Wingert zu Zeiten der kleinen Eiszeit die Weinstöcke gerodet und Obstbäume gepflanzt, die sich bis heute gehalten haben.
Entlang der Wingerten, von der Gemarkungsgrenze zu Bruchenbrücken bis zum Ortsrand von Assenheim, erstreckt sich einer der schönsten Abschnitte der Wetter. Der Fluss mäandert beinahe vorbildlich, knabbert an den Außenkurven am Ufer, das Steilwände ausbildet. Ideal für den Eisvogel, der darin seine Niströhren anlegt. Manchmal ist der bunte Vogel auch bei der Jagd an den Gartenteichen der Siedlung am Ortsrand zu beobachten.
Wahre Abenteuerspielplätze auch dort, wo die Wetter eine enge Kurve macht, sich beinahe um 180 Grad wendet, in der

Innenkurve dicke Schichten Kies ablegt, den ihr die Usa aus dem Taunus mitgebracht hat. Im Wasser Kiesinseln, die durch den Fluss zu wandern scheinen, an den Ufern Reste alter Kopfweiden.
Die NABU Umweltwerkstatt Wetterau führt Kinder und Erwachsene hier an die Wetter, um sensibel, ohne die Tierwelt zu stören, Flusserkundungen durchzuführen. Mit Sieben werden vorsichtig Kleinlebewesen und Insektenlarven, wie Strudelwurm, Eintags- und Köcherfliegenlarven gefischt, unter der Lupe betrachtet und bestimmt, dann gleich wieder frei gelassen.
Selbstredend fühlt sich hier, bei einem leckeren Bestand an jungen und alten Weiden, auch der Biber wohl. Immer wieder sind seine Fraßspuren zu entdecken, an einer Stelle hat er eine breite Biberrutsche angelegt – eine Art Trampelpfad, über den er das Wasser verlässt, um an Land Nahrung zu suchen.

Eindeutige Nagespuren an den Weiden entlang der Wetter vor Assenheim verraten die Anwesenheit des Bibers.

Die Wetter vor Assenheim

Kleine Kunstwerke an der Wetter zeigen die Arten der Gesteine, die die Wetter transportiert. Die Roten sind vom Fluss gerollte Ziegel.

Naturnaher Gewässerabschnitt mit hoher Dynamik

An der Wasseroberfläche sind die unterschiedlichen Strömungsgeschwindigkeiten zu erkennen.

Links: Kopfweiden an der Wetter vor Assenheim

Hainaumühle

Die Wetter erreicht den Ort Assenheim. Nach rund 200 Metern, unmittelbar vor der letzten Brücke über die Wetter, auf der sich Brückenstraße und Mühlweg treffen, befindet sich südlich des Flusses die Hainaumühle. Von ihr ist nur eine Ruine übrig geblieben und man sieht sie nur von der gegenüberliegenden Uferseite. Dort befindet sich eine kleine Grünfläche mit Bank und einer Schautafel, auf der die Geschichte der Mühle erzählt wird. Diese Tafel ist eine von 14 des Assenheimer Wissenspfades entlang von Wetter und Nidda innerhalb des Ortes.
Die Hainaumühle wurde 1663 errichtet und brannte 1882 vollständig ab, es fand kein Wiederaufbau statt. Dafür wurde neben der Ruine 1887 ein „neues" Wohnhaus errichtet – das Gebäude stand zuvor in Wickstadt als Schulhaus, wurde dort abgetragen und hier wieder aufgeschlagen.
Die Hainaumühle hatte eine um 1450 errichtete Vorgängermühle, die aber auf der anderen Flussseite gestanden hat. Sie wird urkundlich mit der „Solmser Brücke an der Wetter" erwähnt.

Mündung und Radkreuz Assenheim

Noch 150 Meter sind es nach der Hainaumühle zur Mündung der Wetter in die Nidda. Auf dieser Strecke ähnelte die Wetter bis 1995 sehr der ausgebauten Nidda mit ihrem Trapezprofil. Im Zuge von Unterhaltungsarbeiten erhielt der Fluss ein naturnäheres Aussehen, hat jetzt kleine Buchten und die Bäume dürfen auch wieder an der Wasserlinie wachsen. Das erhöht den Kontrast zu der Nidda, wie sie sich oberhalb der Einmündung der Wetter zeigt: Grade, wie mit dem Lineal gezogen. Erst nach der Mündung, bis zum Ortsausgang sieht die Nidda nach einer 2006 erfolgten Renaturierung wieder etwas schöner aus, hat sogar flach auslaufende Ufer bekommen, die im Bereich der Schule für den Unterricht im Freien genutzt werden.
An der Mündung blickt vom gegenüberliegenden Ufer schon

Die letzten Meter der Wetter auf dem Weg zur Mündung

Wettermündung aus der Froschperspektive

die „Hüterin der Gewässer", eine aus Keramik gefertigte lebensgroße Figur, den Wetterlauf hinauf. Sie ist Teil des Niddataler Beitrags „Kunst am Fluss" zum Regionalpark Rhein-Main. Die Niddaroute ist der Ausläufer des Regionalparks nach Norden und die Radverbindungslinie zwischen der Metropolregion und dem Wetteraukreis. Rund um die Wettermündung treffen an der Niddaroute einige bedeutende Radrouten aufeinander, so dass hier ein wichtiger Knotenpunkt des Radtourismus liegt. Auf der Niddaroute von Schotten bis nach Gronau verläuft der hessische Radfernweg R4. Außerdem knüpfen hier der Usatalradweg, die Keltenradroute sowie die Apfelwein- und Obstwiesenroute an.
An der Niddaroute befindet sich der Wissenspfad, dessen sechs Schautafelstandorte auch zu Fuß zu erreichen sind. Von Bönstadt bis nach Ilbenstadt gibt es darüber hinaus noch einen

Der 45 Meter hohe Siloturm der Stadtmühle

Planetenweg, der aufgrund seiner künstlerischen Gestaltung und der Infotafeln zur Mythologie sehenswert ist. Die Sonne und die neun Planeten verteilen sich auf einer Strecke von gut sechs Kilometern.

Stadtmühle Assenheim

Weithin sichtbar und beinahe das Wahrzeichen Assenheims ist das 45 Meter hohe Mühlsilo, das in den 1920er Jahren errichtet wurde. Es steht direkt der Wettermündung gegenüber, auf der anderen Seite der Nidda. An der Mündung der Wetter befindet sich auch eine Schautafel zur Geschichte dieser Mühle.
Erstmals 1294 erwähnt hat die Stadtmühle von Assenheim eine sehr bewegte Baugeschichte vorzuweisen. Immer wieder wurde in den Lauf von Nidda und Wetter eingegriffen, um das angestaute Wasser optimal für den Betrieb der Wasserräder nutzen zu können. Zeitweilig flossen drei Bäche parallel, dazwischen zwei Mühlinseln. Es gab ein ausgeklügeltes System von Mühlgräben, Wehren und Schließen. Davon ist nach der Verfüllung der Mühlgräben und der Regulierung der Nidda in den Jahren 1969 bis 1970 heute nichts mehr zu sehen oder zu erahnen. Die Mühlgebäude stehen heute gar nicht mehr am Wasser. Auch die Wetter mündet nicht mehr an ihrem ursprünglichen Punkt. Vor der Niddaregulierung lag die Wettermündung gut 150 Meter weiter flussabwärts (ungefähr bei der Mittellinie des Sportplatzes).
Zuvor als Erbleihmühle im Eigentum von Ysenburg-Büdingen und Solms-Rödelheim verpachtet, wurde die Stadtmühle 1855 an Privat verkauft. 1872 brannte die Mühle vollständig ab, wurde wieder aufgebaut und um 1909 mit einer Dampfmaschine als zweitem Antrieb versehen. Sie brennt 1925 erneut vollständig ab und wird als Walzenmühle anschließend wieder errichtet. Von da an beginnt hier ein Stück Industriegeschichte, an deren Höhepunkt bis zu 100 Mitarbeiter in der Mühle beschäftigt sind. In den 1950er Jahren läuft die Mühle im 24-Stunden-Betrieb. Täglich werden 80 Tonnen Weizen gemahlen. Nach der Verarbeitung des heimischen Getreides wurde auch Importweizen, etwa aus Kanada gemahlen. Großkunden waren neben der Firma Milupa weitere Zwiebackfabriken in Friedrichsdorf.

Ausblick vom Siloturm auf die Altstadt von Assenheim

1972 wurde die Mühle stillgelegt und verkauft, seither dient sie der Lagerung von bis zu 5.000 Tonnen Weizen, Roggen, Gerste, Hafer und Mais.

Altstadt von Assenheim

Assenheim ist in einem natürlichen Bogen der Nidda entstanden. Wahrscheinlich waren die beiden Schenkel dieses auf dem Kopf stehenden „U" auf der südlichen Seite der Altstadt mit einem Graben verbunden, so dass die kleine Stadt zusätzlich zu ihrer geschlossenen Mauer im Mittelalter durch das Wasser der Nidda gesichert war. Von dem Wassergraben ist nichts mehr zu sehen, auch die Stadtmauer ist bis auf wenige Reste abgetragen. Im Bereich der Stadtmühle wurde ein Stück der Mauer um 90 Grad verlegt, um ein Baugebiet der 1970er Jahre über die Mühlenstraße anschließen zu können. Dabei wurde auch die historische Abtspforte verlegt, über die die Geistlichen des Klosters Ilbenstadt einst nach Assenheim gelangten.

In der Altstadt von Assenheim gibt es noch zahlreiche kleine Fachwerkhäuser zu sehen, dazu das Schloss, Reste einer alten Stauferburg, den Fronhof mit einem Uhrentürmchen sowie den vorbildlich restaurierten Probsteihof am südlichen Ende der Wirtsgasse. Am Anfang der Wirtsgasse, in der Mitte des historischen Stadtkerns befindet sich eines der schönsten Fachwerkrathäuser der Region.

Altes Rathaus Assenheim

Das alte Rathaus von Assenheim ist ein zweigeschossiger Fachwerkbau mit einem schlanken, als Dachreiter aufgesetzten Turm mit spitzem Helm. Im Stadtpanorama der dritthöchste Turm nach dem Mühlsilo und der evangelischen Kirche.
In seiner ursprünglichen Form wurde das Rathaus um 1610 errichtet. Das Stadtwappen an der östlichen Giebelseite mit seiner Datierung auf das Jahr 1744 irritiert dabei ein wenig. Der große, das Wappen tragende Sandstein kam erst später in das Rathaus, wurde dort als Türsturz eingebaut, stammte aber ursprünglich von der Fassung des abgebrochenen Marktbrunnens. Sein heutiges Erscheinungsbild erhielt das Rathaus bei einer Umgestaltung 1882. Eine grundlegende Sanierung fand letztmals 2007 bis 2009 statt, dabei wurden die Innenräume modernisiert und die Farbgebung teilweise verändert.
Seit 1989 wird das alte Rathaus vom Naturschutzbund Deutschland (NABU) genutzt, der hier seine Bildungseinrichtung NABU Umweltwerkstatt Wetterau betreibt. Das Haus ist montags bis freitags von 8 bis 13 Uhr und während der jährlich rund 100 Veranstaltungen des Vereins geöffnet. Die Umweltwerkstatt bietet zahlreiche Führungen und Vorträge rund um naturkundliche Themen an. Außerdem können bei dem Verein auch Führungen und Vorträge individuell von Gruppen oder Familien gebucht werden, darunter auch Führungen entlang der Wetter oder Vorträge zur Wetter. Anfragen nimmt der Verein unter der Nummer 06034-6119 entgegen. Das vollständige Angebot findet sich im Internet unter www.umweltwerkstatt-wetterau.de.

Das alte Rathaus wird heute vom NABU genutzt. Vor dem Gebäude ist das Bibermobil zu sehen.

NABU
FB UW 200

Die evangelische Kirche

Gemeinsam mit der benachbarten ehemaligen Synagoge ist das alte Rathaus auch Raum kultureller Veranstaltungen. Dort gibt es Kunstausstellungen, Musikdarbietungen und Lesungen.

Evangelische Kirche Assenheim

Eine dicke alte Linde steht direkt vor dem Eingang zur evangelischen Kirche in Assenheim. Sie ist als Naturdenkmal ausgewiesen und erzählt von der Geschichte der Kirche: In Assenheim gab es mehrere Herrschaftshäuser gleichzeitig. Die waren zwar alle protestantischer Konfession, jedoch bekannten sich die einen zu den Lutheranern, die anderen zu den Reformierten. So wurde die Kirche simulatan von beiden genutzt. Erst nach der Kirchenunion 1817 gab es nur noch eine evangelische Kirche. Zur Zehnjahresfeier der Kirchenunion wurde 1827 die Linde vor der Assenheimer Kirche gepflanzt. Die rund

Links: Die ehemalige Synagoge, heute Kunst- und Ausstellungsraum

Durch das „Abtspförtchen" kam früher ein Priester des Klosters Ilbenstadt nach Assenheim, um dort den Gottesdienst zu halten.

200 Jahre sieht man ihr an ihrem mächtigen Stamm auch an. Die mittelalterliche Kirche war baufällig geworden, es heißt, dass das Dach im Innenraum mit immer mehr Stützen hatte stabilisiert werden müssen. Schließlich wurde sie abgerissen und von 1782 bis 1785 die jetzige Kirche errichtet. Die Steine für den Kirchenneubau kamen von dem gleichzeitig abgebrochenen Burgturm der Münzenberger in Assenheim. Dieser Turm ziert heute das Wappen der Stadt Niddatal. Ein Wappenstein des Burgturms war seit der Errichtung im Kirchturm zu sehen. Erst bei Sanierungsarbeiten vor wenigen Jahren wurde dieser ausgebaut und ist nun im Innenraum der Kirche zu betrachten.

Wege zur Wetter

Den besten Einblick in die Naturschutzgebiete entlang der Wetter bietet eine Fahrt mit der Historischen Eisenbahn auf der stillgelegten Strecke der Butzbach-Licher-Eisenbahn.

Sicherlich eine ganz besondere Art, das Wettertal zu erkunden, ist die Fahrt mit der historischen Eisenbahn zwischen Bad Nauheim und Münzenberg. Aus den alten Waggons heraus bieten sich viele Einblicke in die Flusslandschaft und in die Naturschutzgebiete.

Davon unabhängig ist die Wetter und ihr Umfeld gut in kleinen Abschnitten zu Fuß oder als Ganzes per Fahrrad zu erkunden. Zwar verfügt der Fluss weder über einen Uferweg noch über einen durchgängig nach ihm benannten Radweg, doch schon ein Blick in die Radkarte des Landkreises Gießen und des Wetteraukreises zeigt, dass die kleine Reise möglich ist.

Ab Laubach bis nach Ober-Bessingen bietet sich die Hauptroute 4 des Radverkehrsnetzes des Landkreises Gießen an. Dann weiter auf den ausgeschilderten Radweg nach Nieder-Bessingen, von dort bis nach Rockenberg auf dem Hessischen Radfernweg R6, der gut ausgeschildert und am Hessen-Löwen zu

Viele Wege führen entlang der Wetter, einige davon sind auch ausgeschildert.

erkennen ist. Von Oppershofen bis zur Mündung in Assenheim steht die ebenfalls gut ausgeschilderte Keltenradroute zur Verfügung. Allerdings macht diese Route über Bad Nauheim und Friedberg einen Abstecher entlang der Usa und lässt so den Verlauf der Wetter um Dorheim aus. Per Kreisradwege ist es aber leicht möglich auch dorthin zu gelangen.

Für die verbleibenden Abschnitte von der Quelle bis Nieder-Bessingen und von Rockenberg bis Oppershofen steht das ausgeschilderte Radverkehrsnetz zur Verfügung.

Auf diesen Radverbindungen unterwegs, bekommt man den Fluss zwar nur hin und wieder beim Überqueren zu Gesicht, dennoch kann die Fluss- und Auenlandschaft der Wetter sehr gut erkundet werden.

Bei der Routenplanung mit dem Fahrrad kann auch der Radrouten Planer Hessen hilfreich sein:
www.radroutenplaner.hessen.de

Der „Wetter-Radweg"

Schilder sucht man entlang der Wetter vergeblich, denn bislang gibt es ihn nur im Internet: Auf einer privat betriebenen Internetseite „Wetter-Radweg" ist die Route von Laubach bis zur Mündung in Assenheim über vorhandene Radwege beschrieben. Dazu gibt es Karten mit dem Routenverlauf, Hintergrundinformationen zu einzelnen Stationen sowie Bild- und Videomaterial. www.wetter-radweg.de

Die Hessischen Radfernwege

„Vom Waldecker Land ins Rheintal" – so wirbt der mit 402 Kilometern längste der Hessischen Radfernwege – der R6 – für sich. Auf dem Weg nach Südwesten von Diemelstadt nach Lampertheim verläuft er durch das Waldecker Land, den Keller- und Burgwald, die Wetterau, den Taunus und das Rheintal. Zwischen Nieder-Bessingen und Rockenberg kann der R6 für die Erkundung des Wettertals genutzt werden.

Beschilderung des Hessischen Radfernwegs R6

Die Niddaroute ist gut ausgebaut, sie kann mit einer Erkundungstour an der Wetter verknüpft werden. Wildtierbeobachtungen sind immer inklusive, hier belagern Nilgänse den Weg.

Um an die Wetter zu kommen oder um nach der Erkundung der Wetter noch weitere Kreise zu ziehen, bietet sich auch der R4 an, auf den die Wetter in Assenheim stößt. Er verbindet von Nord nach Süd Bad Karlshafen mit Hirschhorn und verläuft zwischen Schotten und Bad Vilbel-Gronau auf der Niddaroute.

Regionalparkroute – Niddaroute

Auf über 700 Höhenmetern entspringt die Nidda im Hohen Vogelsberg. Vorbei am einzigen Hochmoor entlang des Flusslaufs, durch Schotten, Nidda, Niddatal und Bad Vilbel verläuft die Route meist direkt am Fluss bis zur Mündung in den Main in Frankfurt. Gut 90 Kilometer Strecke hat die Niddaroute, ist gut ausgeschildert und ebenso gut vernetzt mit weiteren Routen, wie dem Mainradweg oder verschiedenen Regionalparkrouten.
www.niddaroute.de

Usatalradweg

Der neue Usatalradweg ist ab dem Sportplatz an der Nidda in Assenheim ausgeschildert. Er begleitet von da an ein Stück das Wettertal bis zur Mündung der Usa in die Wetter. Von dort geht es flussaufwärts über Friedberg und Bad Nauheim auf 45 Kilometern bis hoch zur Quelle der Usa zwischen Neu-Anspach und dem Weiltal. Dort kann für längere Touren auch noch auf den Weiltalweg abgebogen werden. www.adfc-hochtaunus.de/usa_rw.html

RMV-Radweg

Südlich von Münzenberg verläuft die 39 km lange Runde des „Rhein-Main-Vergnügen Route 2: Die Wetterau zwischen Friedberg und Münzenberg". Bis nach Rockenberg geht die Strecke auf der Route des R6, dann weiter über Oppershofen, Steinfurth, Bad Nauheim, Friedberg, Ossenheim, Bauernheim, Wölfersheim zurück nach Münzenberg. Ausgeschildert mit dem grün-blauen Schild auf dem Fahrrad und Eisenbahn abgebildet sind. www.rmv.de

Apfelwein- und Obstwiesenroute

Die Wetterau hat die größten hessischen Streuobstflächen. Noch über 200.000 hochstämmige Obstbäume sind hier zu finden. Dieser Lebensraum ist der artenreichste in der vom Menschen geschaffenen Kulturlandschaft. Der Schutz der Obstwiesen durch Nutzung steht im Vordergrund der Aktivitäten der Mitgliedsbetriebe der Apfelwein- und Obstwiesenroute. Diese rekrutieren sich meist aus Keltereien, Straußwirtschaften, Naturschutzverbänden und Museen. Verbunden sind die Mitglieder über mehrere Rundrouten, die mit dem roten Apfel und einem umlaufenden grünen Pfeil ausgeschildert sind.
Entlang der Wetter werden zwei der ausgeschilderten Routen gestreift: Die Nummer 6, die mit 43 Kilometern Länge um Münzenberg, Butzbach und Bad Nauheim läuft sowie die Nummer 7 auf 34 Kilometern um Friedberg, Niddatal und Rosbach. www.apfelwein-obstwiesenroute-wetterau.de

Rund 1.000 Kilometer Strecke sind im Wetteraukreis als Radverkehrswege ausgeschildert. Oft tragen die Schilder Zusatzhinweise auf Themenrouten, wie die Apfelwein- und Obstwiesenroute oder die Keltenradroute.

Keltenradroute

Ebenfalls in Assenheim knüpft auch die westliche der beiden Keltenradrouten im Wetteraukreis an: Auf 47 Kilometern verbindet sie die Städte Friedberg, Bad Nauheim und Butzbach. Die Route ist mit der Silhouette des Keltenfürsten vom Glauberg auf hellgrünem Untergrund ausgeschildert und verbindet keltische Funde von den Salinen in Bad Nauheim über das Museum in Butzbach bis hin zu den Spuren keltischer Ringwallanlagen am Hausberg bei Hoch-Weisel. www.radroutenplaner.hessen.de/themenrouten_infoK.asp?dbspalte=177

Deutscher Limes-Radweg

Bei Kloster Arnsburg kreuzt der Deutsche Limes-Radweg auch das Wettertal. Beinahe 800 Kilometer kann man auf den Spuren der Römer quer durch Deutschland strampeln, allein 221 Kilometer davon verlaufen durch Hessen. Sicherlich die auffälligste Kurve im Verlauf des Radwegs ist die um das Gebiet der Wetterau. Eben wie der Limes, dem die Römer eine Ausbuchtung nach Norden gönnten, der fruchtbaren Wetterau wegen.
www.limesstrasse.de/deutsche-limes-strasse/radweg

Lutherweg in Hessen

Ein rund 400 km langer Pilgerweg führt ab 2017 quer durch Hessen von Worms bis zur Wartburg und kreuzt dabei auch den Wetterlauf, läuft parallel zwischen Wetterfeld und Rockenberg durch das Wettertal.
www.lutherweg-in-hessen.de

Per Eisenbahn durchs Wettertal

Die Eisenbahnfreunde Wetterau betreiben die stillgelegte Eisenbahnstrecke der Butzbach-Licher-Eisenbahn zwischen Bad Nauheim und Münzenberg. Heimatbahnhof ist der Nordbahnhof in Bad Nauheim.
Die 18 Kilometer lange Eisenbahnstrecke läuft durch das Wettertal, bietet zahlreiche Einblicke in die Landschaft am Fluss, einige Gebiete, die nicht über Wege zu erreichen sind, können aus dem Zug heraus eingesehen werden. Der Zug fährt zweiwöchentlich sonntags von April bis Oktober. Der Fahrplan im Internet unter: www.ef-wetterau.de
Zusätzlich bieten die Eisenbahnfreunde an drei Terminen im Frühling unter dem Motto „Wetterauer Vogelzug" ornithologische Fahrten an, bei denen an naturkundlich besonders interessanten Gebieten ein Zwischenstopp eingelegt wird. Hier gibt es fachkundige Erläuterungen und die Möglichkeit zur Vogelbeobachtung. Stationen sind die Naturschutzgebiete „Salzwiesen bei Wisselsheim", „Breitwiesen", „Wingert", „Hölle von Rockenberg", „Klosterwiesen von Rockenberg", „In der Metz" sowie die „Salzwiesen bei Münzenberg".
www.wetterauer-vogelzug.de